道路危险货物运输从业人员资格考试题库

○ 交通部公路司　组织编写

人民交通出版社

内 容 提 要

为全面落实《中华人民共和国道路运输条例》和《道路危险货物运输管理规定》，进一步规范道路危险货物运输从业人员资格考试工作，交通部公路司组织编写了《道路危险货物运输从业人员资格考试大纲（试行）》和《道路危险货物运输从业人员资格考试题库（试行）》，自2007年7月1日起执行。

图书在版编目（CIP）数据

道路危险货物运输从业人员资格考试题库／交通部公路司编．—北京：人民交通出版社，2007.4
ISBN 978-7-114-06521-7

Ⅰ.道… Ⅱ.交… Ⅲ.①公路运输：危险货物运输－技术培训－考试大纲②公路运输：危险货物运输－技术培训－习题 Ⅳ.U492.8

中国版本图书馆CIP数据核字（2007）第058696号

书　　名：道路危险货物运输从业人员资格考试题库
著 作 者：交通部公路司
责任编辑：黄兴娜
出版发行：人民交通出版社
地　　址：（100011）北京市朝阳区安定门外外馆斜街3号
网　　址：http://www.ccpress.com.cn
销售电话：（010）85285656,85285838,85285995
总 经 销：北京中交盛世书刊有限公司
经　　销：各地新华书店
印　　刷：三河市吉祥印务有限公司
开　　本：787×960　1/16
印　　张：13.75
字　　数：180千
版　　次：2007年5月　第1版
印　　次：2007年5月　第1次印刷
书　　号：ISBN 978-7-114-06521-7
印　　数：0001－5000册
定　　价：24.00元

目 录

道路危险货物运输从业人员资格考试题库(试行)

编制说明

一、本试题库所有试题的编制,主要考虑道路危险货物运输从业人员的具体工作需要,立足从实际应用出发,重点考察从业人员对道路危险货物运输管理相关法规常识和上岗作业基本知识、应用知识的掌握情况。按照道路危险货物运输从业人员的分类,试题库由三篇组成。第一篇为驾驶人员从业资格考试题库,共495题;第二篇为押运人员从业资格考试题库,共500题;第三篇为装卸管理人员从业资格考试题库,共465题。

二、本试题库为全国道路危险货物运输从业人员资格考试的基本要求试题。各省(自治区、直辖市)可根据本地具体情况,增加部分适合本地道路危险货物运输状况的相关试题。在随后发布的“道路危险货物运输从业人员资格考试出题系统”中,也将为各地增加地方管理内容试题留有接口。

三、试题库的编制主要依据国务院344号令《危险化学品安全管理条例》、交通部9号令《道路危险货物运输管理规定》、《道路危险货物运输从业人员培训教材》和有关道路危险货物运输的国家标准及行业标准。

第一篇 驾驶人员从业资格考试题库
(共495题)

一、危险货物运输的相关法规常识(140题,其中选择题75题、判断题65题)

(一)选择题(75题)

1. 国务院第344号令《危险化学品安全管理条例》自( )起施行。

A. 1988年8月1日　B. 2005年8月1日
C. 2002年3月15日

2. 施行国务院第344号令《危险化学品安全管理条例》的目的是:为了加强对( )的安全管理,保障人民生命、财产安全,保护环境。

A. 普通货物　B. 危险物　C. 危险化学品

3. 在中华人民共和国境内生产、经营、储存、( )、使用危险化学品和处置废弃危险化学品,必须遵守国务院第344号令《危险化学品安全管理条例》。

A. 购买　B. 加工　C. 运输

4. 国务院第344号令《危险化学品安全管理条例》中所称的危险化学品是指《危险货物品名表》(GB 12268—2005)9类当中的( )类。

A. 9　B. 7　C. 8

5. 道路运输危险化学品单位的( ),应对本单位危险化学品运输安全全面负责。

A. 主要负责人　B. 工会主席　C. 安全负责人

6. 国务院规定,由( )负责危险化学品安全监督管理综合

工作,负责危险化学品经营许可证的发放,负责国内危险化学品的登记,负责危险化学品事故应急救援的组织和协调。

A. 公安部　　B. 国家安全生产监督管理总局

C. 交通部

7. 国务院第 344 号令《危险化学品安全管理条例》规定,有关部门派出的工作人员依法进行监督检查时,应当(　)。

A. 事先通知　　B. 出示通知书　　C. 出示证件

8. 危险化学品生产企业销售其生产的危险化学品时,应当提供与危险化学品完全一致的化学品(　),并在包装上加贴或者拴挂与包装内危险化学品完全一致的化学品安全标签。

A. 产品使用说明书　　B. 专利说明书

C. 安全技术说明书

9. 国家对危险化学品的运输实行(　　)制度。

A. 自由运输　　B. 资质认定　　C. 自主运输

10. 道路危险化学品运输企业必须具备的条件由(　　)规定。

A. 公安部　　B. 国务院交通部门

C. 国家安全生产监督管理总局

11. 国务院第 344 号令《危险化学品安全管理条例》规定,(　　)应当对危险化学品的包装物、容器的产品质量进行定期的或者不定期的检查。

A. 质检部门　　B. 交通部门　　C. 经贸部门

12. 驾驶人员、押运人员、装卸管理人员必须掌握危险化学品运输的安全知识,并经所在地设区的市级人民政府(　)考核合格,取得从业资格证,方可上岗作业。

A. 交通部门　　B. 质检部门　　C. 经贸部门

13. 通过公路运输剧毒化学品的,托运人应当向目的地的县级人民政府公安部门申请办理(　)。

A. 交通运输许可证　　B. 剧毒化学品公路运输通行证

C. 道路占用证

14. 国务院(　　)制定了剧毒化学品公路运输通行证的式样

和具体申领办法。

A. 交通部门　B. 安全监管部门　C. 公安部门

15.（　）和未列入《危险货物品名表》（GB 12268—2005）的其他危险化学品，由国家安全生产监督管理总局会同国务院公安、环境保护、卫生、质检、交通部门确定并公布。

A. 剧毒化学品目录　B. 危险货物品名表

C. 危险废物品名表

16. 危险化学品运输车辆禁止通行区域，由设区的市级人民政府（　）划定，并设置明显的标志。

A. 交通部门　B. 公安部门　C. 质检部门

17. 国家实行（　）登记制度，并提供安全管理、事故预防和应急救援技术、信息支持。

A. 危险化学品　B. 普通货物　C. 一般货物

18. 危险货物托运人应当委托具有道路危险货物运输资质的企业承运，严格按照国家有关规定包装，并向（　）说明危险货物的品名、数量、危害、应急措施等情况。

A. 承运人　B. 货主　C. 托运人

19. 危险化学品（　）必须为危险化学品事故应急救援提供技术指导和必要的协助。

A. 生产企业　B. 经营企业　C. 使用单位

20. 驾驶道路危险货物运输车辆时，驾驶人员在 24 小时内实际驾驶车辆时间累计不得超过（　）小时。

A. 10　B. 8　C. 12

21. 国务院第 344 号令《危险化学品安全管理条例》规定，未取得道路危险货物运输企业资质，擅自从事危险化学品公路运输的企业，由（　）依据职责对其进行处罚。

A. 公安部门　B. 交通部门　C. 质检部门

22. 国务院第 344 号令《危险化学品安全管理条例》规定，未取得危险货物运输（　），擅自从事危险化学品公路运输的企业，由交通部门依据职责对其进行处罚。

A. 企业资质　　B. 生产许可证　　C. 经营许可证

23. 道路危险货物运输过程中，不配备(　　)的，由公安部门处 2 万元以上 10 万元以下的罚款。

A. 装卸人员　　B. 押运人员　　C. 管理人员

24. 道路危险货物运输过程中，不配备押运人员，由(　　)处 2 万元以上 10 万元以下的罚款。

A. 交通部门　　B. 质检部门　　C. 公安部门

25. 从事危险化学品公路运输的驾驶人员、押运人员、装卸管理人员未经考核合格，取得(　　)的，由交通部门处 2 万元以上 10 万元以下的罚款。

A. 生产许可证　　B. 营业执照　　C. 从业资格证

26. 从事危险化学品公路运输的驾驶人员、押运人员、装卸管理人员未经考核合格，取得从业资格证的，由(　　)处 2 万元以上 10 万元以下的罚款。

A. 公安部门　　B. 质检部门　　C. 交通部门

27. 托运人托运剧毒危险化学品，未向(　　)申请领取剧毒化学品公路运输通行证，擅自通过公路运输剧毒化学品的，处 2 万元以上 10 万元以下的罚款。

A. 公安部门　　B. 质检部门　　C. 交通部门

28. 道路危险货物运输，中途停车住宿或者遇有无法正常运输的情况，不向当地(　　)报告的，处 2 万元以上 10 万元以下的罚款。

A. 公安部门　　B. 质检部门　　C. 交通部门

29. 道路危险货物运输过程中，脱离(　　)监管的，由公安部门处 2 万元以上 10 万元以下的罚款。

A. 装卸人员　　B. 押运人员　　C. 管理人员

30. 道路危险货物运输单位发生危险货物运输事故造成人员伤亡、财产损失的，应当依法承担(　　)责任。

A. 保护　　B. 个人　　C. 赔偿

31. 国务院规定，由(　　)负责危险化学品的公共安全管理，负责发放剧毒化学品购买凭证和准购证，负责审查核发剧毒化学品公路运输通行证，对危险化学品道路运输安全实施监督。

A. 公安部门　　B. 质检部门　　C. 交通部门

32. 国务院规定，由（　）负责发放危险化学品及其包装物、容器的生产许可证，负责对危险化学品包装物、容器的产品质量实施监督。

A. 公安部门　　B. 质检部门　　C. 交通部门

33. 国务院规定，由（　）负责危险化学品公路运输单位及其运输工具的安全管理，负责危险化学品公路运输单位、驾驶人员、装卸人员和押运人员的资质认定。

A. 公安部门　　B. 质检部门　　C. 交通部门

34. 危险货物运输车辆不得进入禁止通行区域。确需进入禁止通行区域的，应当事先向当地（　）报告，由其指定行车时间和路线。

A. 交通部门　　B. 公安部门

C. 国家安全生产监督管理总局

35. 剧毒化学品在公路运输途中发生被盗、丢失、流散、泄漏等情况时，承运人及押运人员必须立即向当地（　）报告，并采取一切可能的警示措施。

A. 质检部门　　B. 交通部门　　C. 公安部门

36.《危险货物品名表》（GB 12268—2005）适用于危险货物（　）、生产、储存、经营、使用和处置。

A. 买卖　　B. 包装　　C. 运输

37. 道路危险货物运输专用车辆的技术性能应符合国家标准（　）的要求。

A.《道路车辆外廓尺寸、轴荷和质量限值》（GB 1589）

B.《营运车辆综合性能要求和检验方法》（GB 18565）

C.《营运车辆技术等级划分和评定要求》（JT/T 198）

38. 道路危险货物运输专用车辆的技术等级应符合行业标准（　）规定的一级技术等级。

A.《道路车辆外廓尺寸、轴荷和质量限值》(GB 1589)

B.《营运车辆综合性能要求和检验方法》(GB 18565)

C.《营运车辆技术等级划分和评定要求》(JT/T 198)

39. 道路运输、装卸危险化学品,不符合国家有关法律、法规、规章和国家标准,并未按照危险化学品的特性采取必要安全防护措施的,由(　　)处2万元以上10万元以下的罚款。

A. 安全监督部门　B. 交通部门　C. 工商部门

40. 托运人在托运的普通货物中夹带危险货物或者将危险货物匿报、谎报为普通货物托运的,由(　　)处2万元以上10万元以下的罚款。

A. 安全监督部门　B. 公安部门　C. 工商部门

41. 道路危险货物运输罐车的罐体应经(　　)检测合格,并在罐体检验合格的有效期内承运危险货物。

A. 交通部门　B. 安监部门　C. 质检部门

42.《危险货物品名表》(GB 12268—2005)是危险货物运输作业的重要依据,具有确定危险货物的类别、项别和(　　)的作用。

A. 范围　B. 责任　C. 名称

43. 道路危险货物运输企业的(　　)不需要取得道路危险货物运输从业人员从业资格证。

A. 押运人员　B. 驾驶人员　C. 财务人员

44. 符合道路危险货物运输资质条件的是(　　)。

A. 专用车辆5辆以上　B. 专用车辆5辆以下

C. 专职驾驶人员不得少于20人

45. 符合道路危险货物运输资质条件的是(　　)。

A. 车辆技术等级达到二级　B. 车辆技术等级达到一级

C. 专用车辆5辆以下

46. 符合道路危险货物运输资质条件的是(　　)。

A. 车辆技术等级达到二级　B. 专用车辆5辆以下

C. 配备有效的通讯工具

47. 道路危险货物运输的罐车,其罐体必须(　　)时间进行一次检测。

A. 一年　　　　B. 半年　　　　C. 一季度

48. 道路危险货物运输从业人员安全培训的内容包括(　　)。

A. 危险货物的性质　　B. 销售知识

C. 生产知识

49. 道路危险货物运输从业人员安全培训的内容包括(　　)。

A. 销售知识　　B. 危险货物危害特性

C. 包装容器设计

50. 道路危险货物运输驾驶人员应该掌握的业务知识包括(　　)。

A. 危险货物生产方式　B. 危险货物买卖

C. 运输事故应急措施

51. “危险货物”的定义是指(　　)。

A. 具有爆炸、易燃、毒害、腐蚀、放射性等特性,在运输、装卸和储存过程中,容易造成人身伤亡、财产毁损和环境污染而需要特别防护的货物

B. 价值极其昂贵需要特别防护的货物

C. 包装精美需要特别防护的货物

52. 在《危险货物分类和品名编号》(GB 6944—2005)中,第2类危险货物(气体)按化学性质分为3项,分别是(　　)。

A. 易燃气体、非易燃无毒气体和毒性气体

B. 氧气、氮气和氨气

C. 氧化性气体、非氧化性气体、惰性气体

53. 道路危险货物运输车辆应当按照国家标准(　　)的要求悬挂标志。

A.《危险货物品名表》(GB 12268)

B.《包装储运图示标志》(GB 191)

C.《道路危险货物运输车辆标志》(GB 13392)

54. 在“道路运输危险货物安全卡”上,应包括危险货物的(　　)。

A. 中英文名称　　B. 沸点　　C. 凝点

55. 在"道路运输危险货物安全卡"上,应包括危险货物的(　　)。

A. 沸点　　B. 联合国编号　　C. 凝点

56. 在"道路运输危险货物安全卡"上,应包括危险货物的(　　)。

A. 凝点　　B. 沸点　　C. 灭火方法

57. 办理道路危险货物托运时,承运人应注意危险货物品名、规格、件重、件数、起运日期,还要注意收、发货人详细地址和(　　)等。

A. 生产厂家　　B. 包装方法　　C. 危险特性

58. 进入易燃危险货物装卸作业区的驾驶人员(　　)。

A. 禁止随身携带火种　　B. 必须佩戴安全帽

C. 必须戴防护面罩

59. 驾驶易燃液体运输车辆的人员(　　)。

A. 必须具备 10 年以上的驾龄

B. 必须佩戴安全帽和防护面罩

C. 禁止穿戴易产生静电的化纤类服装

60. 道路运输毒性物质时,驾驶人员和押运人员需要特别关注的是(　　)。

A. 运价　　B. 毒性物质是否丢失、破损

C. 沿途各地公安局电话号码

61. 道路运输腐蚀性物质时,首先应考虑的安全问题是(　　)。

A. 防止泄漏　　B. 防止燃烧

C. 防止与空气接触

62. 道路危险货物运输驾驶人员的主要职责是(　　)。

A. 确保危险货物一直处于其监管之下,防止丢失、被盗

B. 观察交通状况,安全驾驶,防止交通事故

C. 监督危险货物的运输、装卸、堆放作业,按规定要求进行

63. 依据《道路危险货物运输管理规定》，道路危险货物运输不按照规定携带(　　)的，由县级以上道路运输管理机构责令改正，处警告或者20元以上200元以下的罚款。

A. 驾驶证　　B. 道路运输证　　C. 身份证

64. 依据《道路危险货物运输管理规定》，擅自改装已取得危险货物《道路运输证》的(　　)，由县级以上道路运输管理机构责令改正，并处5 000元以上2万元以下的罚款。

A. 专用车辆及罐式专用车辆罐体

B. 驾驶室仪表　　C. 危险品标志

65. 不得使用运输毒性物质的道路危险货物专用车辆运输(　　)。

A. 强毒性货物　　B. 普通货物　　C. 弱毒性货物

66. 危险货物运达卸货地点后，因故不能及时卸货的，且托运人不能及时妥善处理，承运人应当立即报告当地(　　)部门。

A. 交通　　B. 安监　　C. 公安

67. 危险货物安全技术说明书和安全标签，是承运人制作(　　)的依据。

A. 托运证明文件　　B. 包装检查证明书

C. 道路运输危险货物安全卡

68. 《汽车运输、装卸危险货物作业规程》(JT 618)，规定了汽车运输、装卸危险货物的基本要求和(　　)要求。

A. 生产　　B. 安全作业　　C. 经营

69. 根据《危险货物分类和品名编号》(GB 6944—2005)，危险货物分为(　　)类。

A. 8　　B. 9　　C. 7

70. 雷雨天气装运危险货物时，应确认(　　)。

A. 货物数量　　B. 避雷电、防潮湿措施有效

C. 防滑措施是否有效

71. 道路危险货物运输过程中，应每隔(　　)小时检查一次。

A. 3　　B. 2　　C. 1

72. 危险货物的分类、分项、品名和品名编号应当按照国家标准《危险货物分类和品名编号》(GB 6944—2005)和(　　)执行。

A.《危险货物品名表》(GB 12268—2005)

B. 道路危险货物运输管理规定

C. 中华人民共和国安全生产法

73.《道路运输证》的经营范围栏内注明了允许运输危险货物的类别、项别。道路危险货物运输车辆(　　)按照《道路运输证》规定的经营范围进行运输。

A. 不一定　　B. 必须　　C. 可以不

74. 道路危险货物运输从业人员(　　)转让、出租道路危险货物运输许可证件。

A. 不可以　　B. 可以　　C. 不受限制

75. 对托运人应该派押运人员而未派的放射性危险货物运输,道路危险货物运输企业(　　)承运。

A. 应该拒绝　　B. 可以

C. 可以根据具体情况决定是否

(二)判断题(65 题)

1. 国务院第 344 号令《危险化学品安全管理条例》只适用于危险化学品的生产管理。(　　)

2. 驾驶道路危险货物专用车辆的驾驶人员,年龄不得超过 55 岁。(　　)

3. 道路运输剧毒化学品的罐式专用车辆,其罐体容积不得超过 20 立方米。(　　)

4. 承运人在受理剧毒化学品运输业务后,要向承运人所在地公安部门申请准运证。(　　)

5. 道路危险货物运输企业或者单位应当对从业人员进行经常性的安全、职业道德教育和业务知识、操作规程培训。(　　)

6. 在我国现阶段,只要有车、有人、有货就可以从事道路危险货物运输。(　　)

7. 道路危险货物运输专用车辆应当根据所运危险货物的性

质,配备必需的应急处理器材和安全防护设施。（ ）

8. 道路运输剧毒、爆炸、易燃、放射性危险货物的,应当具备罐式车辆或厢式车辆、专用容器,车辆应当安装行驶记录仪或定位系统。（ ）

9. 罐式专用车辆的罐体应当经质量检验部门检验合格,并在其有效期内承运危险货物。（ ）

10. 道路运输爆炸、强腐蚀性危险货物罐式专用车辆的罐体容积不得超过30立方米。（ ）

11. 道路运输剧毒、爆炸、强腐蚀性危险货物的非罐式专用车辆,核定载质量不得超过20吨。（ ）

12. 道路运输未列入《危险货物品名表》(GB 12268—2005)的危险货物,托运人应出具《危险货物鉴定表》。（ ）

13. 道路危险货物运输应由具备道路危险货物运输资质的企业承运。（ ）

14. 在托运危险货物时,托运人必须向承运人提供该危险货物的安全技术说明书。（ ）

15. 道路运输液体危险货物时,无论使用何种材质的容器,只要能确保不破损即可。（ ）

16. 驾驶人员在出车前若发现制动或转向不灵、喇叭不响或灯光不全、证件不全等现象,应拒绝出车。（ ）

17. 道路危险货物运输的驾驶人员、装卸人员和押运人员必须了解所运载的危险化学品的性质、危害特性、包装容器的使用特性和发生意外时的应急措施。（ ）

18. 所有道路危险货物运输的从业人员均应具备高中以上学历。（ ）

19. 道路危险货物运输从业人员必须熟悉有关安全生产的法规、技术标准和安全生产规章制度、安全操作规程。（ ）

20. 根据有关法律法规,道路危险货物运输从业人员专业知识要依靠员工自己学习和提高,企业没有责任和义务为员工提供任何培训。（ ）

21. 在个别情况下,普通货物运输车辆可以承运一次性或临时性的道路危险货物运输。 ( )

22.《道路危险货物运输管理规定》要求,禁止使用移动罐体(罐式集装箱除外)从事道路危险货物运输。 ( )

23. 道路危险货物运输,是指使用专用车辆,通过道路运输危险货物的作业全过程。 ( )

24. 道路危险货物运输车辆,是指从事道路危险货物运输的载货汽车。 ( )

25. 道路危险货物运输专用车辆,应到具备道路危险货物运输车辆维修条件的企业进行维修。 ( )

26. 道路危险货物运输从业人员,应当严格按照道路运输管理机构决定的许可事项从事道路危险货物运输活动。 ( )

27. 道路危险货物运输车辆在运输过程中,应随车携带《道路运输危险货物安全卡》。 ( )

28. 道路危险货物运输罐式集装箱,应使用集装箱运输专用车辆。 ( )

29.《危险货物品名表》(GB 12268—2005)中的编号采用4位的联合国编号(UN),备注中的编号采用5位的中国编号(CN)。 ( )

30. 杂项危险物质和物品是指具有其他类别未包括的危险物质和物品,如高温物质。 ( )

31.《危险货物品名表》(GB 12268—2005)中未列出的货物,均可按普通货物运输。 ( )

32.《危险货物品名表》(GB 12268—2005)中所列的货物,均必须按危险货物进行运输。 ( )

33. 道路危险货物运输车辆一旦发生事故,即有可能会引起泄漏、污染、爆炸等危及公共安全的事件,因此从事危险货物运输的驾驶人员更应该有社会责任感。 ( )

34. 机动车驾驶人员在实习期内不得驾驶载有爆炸物品、易燃易爆化学物品、剧毒或者放射性等危险物品的机动车。( )

35. 托运凭证运输的危险货物，托运人可以不提交相关证明文件。 ( )

36. 根据所装运危险货物的特性，运输车辆要配备相应的安全设施。 ( )

37. 第9类杂项危险物质和物品是针对民用航空运输的，若采用汽车运输则不认为其是危险货物。 ( )

38. 危险货物在运达目的地后，收货人因故拒收货物，导致危险货物无法及时卸货，若发生任何事故，驾驶人员和押运人员均不需承担责任。 ( )

39. 制订"道路危险货物运输事故应急预案"的目的是为了训练驾驶人员和押运人员的基本技能。 ( )

40. 危险货物以列入《危险货物品名表》(GB 12268—2005)为准，未列入的按国家有关规定执行。 ( )

41.《中华人民共和国安全生产法》规定生产经营单位运输危险物品，必须执行有关法律、法规和国家标准或者行业标准。 ( )

42. 从事爆炸品、剧毒性物质运输的驾驶人员、押运人员、装卸管理人员要有公安部门的政审材料。 ( )

43.《中华人民共和国安全生产法》规定机动车载运爆炸物品、易燃易爆化学物品以及剧毒、放射性等危险物品，应当经公安机关批准后，按指定的时间、路线、速度行驶，悬挂警示标志并采取必要的安全措施。 ( )

44. 2004年7月1日起实施的《中华人民共和国道路运输条例》，是我国第一部有关道路运输方面的管理条例。 ( )

45. 道路危险货物运输从业人员运输、装卸危险货物集装箱时，应查验危险货物装箱清单。 ( )

46. 道路危险货物运输从业人员有权拒绝运输、装卸已有水渍、雨淋痕迹的遇水放出易燃气体的物质。 ( )

47. 道路危险货物运输从业人员无权拒绝运输、装卸不符合国家有关危险货物运输规定的危险货物。 ( )

48. 严禁超范围运输危险货物,严禁超载、超限。 ( )

49. 道路危险货物运输从业人员应随车携带从业资格证。 ( )

50. 道路运输不同性质的危险货物,应按《汽车运输危险货物规则》(JT 617)中的"危险货物配装表"进行配装。 ( )

51. 医疗废物,是指医疗卫生机构在医疗、预防、保健以及其他相关活动中产生的具有直接或者间接感染性、毒性以及其他危害性的废物。 ( )

52. 医疗废物集中处置单位运送医疗废物,应当遵守国家有关危险货物运输管理的规定,使用有明显医疗废物标识的专用车辆。 ( )

53. 医疗废物专用车辆应达到防渗漏、防遗撒以及其他环境保护和卫生要求。 ( )

54. 运送医疗废物的专用车辆不得运送其他物品。 ( )

55. 道路运输危险废物,必须采取防止污染环境的措施,并遵守国家有关危险货物运输管理的规定。 ( )

56. 禁止将危险废物与旅客在同一辆运输工具上载运。 ( )

57. 危险废物是指列入国家危险废物名录或者根据国家规定的危险废物鉴别标准和鉴别方法认定的具有危险特性的废物。 ( )

58. 从事道路危险货物运输应当保障安全,依法运输,诚实信用。 ( )

59. 危险货物可以与普通货物适当混装运输。 ( )

60. 道路危险货物运输从业人员应严格按照《汽车运输危险货物规则》(JT 617)、《汽车运输、装卸危险货物作业规程》(JT 618)操作,不得违章作业。 ( )

61. 道路危险货物运输的驾驶人员一次连续驾驶超过 6 小时,应休息 20 分钟以上。 ( )

62. 道路危险货物运输车辆可以超越《道路运输证》的许可范

围(危险货物的类别、项别)进行运输。 (　　)

63. 道路危险货物运输过程中,驾驶人员可以根据自己意愿改变运输计划。 (　　)

64. 道路危险货物运输驾驶人员只要驾驶技术好,不需要了解危险货物有关知识。 (　　)

65. 由托运人负责鉴定货物的性质,当托运危险货物时,应委托具有道路危险货物运输资质的单位承运。 (　　)

二、常见危险货物的分类和相关特性(85 题,其中选择题 45 题、判断题 40 题)

(一)选择题(45 题)

1. 氯气泄漏在空气中会(　　)沿地面扩散,使地面人员受害。

A. 沉在下部　　B. 浮在上方

C. 沉在下部或浮在上方

2. 当炸药中混入惰性物质(如石蜡、硬脂酸、机油等)时,则其撞击感度降低,危险性也(　　)。

A. 降低　　B. 升高　　C. 不变

3. 储、运气瓶应(　　),防止日晒,注意通风散热。

A. 防潮　　B. 远离火源　　C. 控制湿度

4. 气体的临界温度(　　),危险性越大。

A. 越低　　B. 越高　　C. 越不确定

5. 乙炔钢瓶经火烤以后(　　)。

A. 可以继续使用　　B. 不能再使用　　C. 冷却后再用

6. 氧几乎能与所有的元素化合。油脂在纯氧中的反应要比在空气中剧烈得多,所以氧气瓶(包括空瓶)(　　)。

A. 可以与油脂配装

B. 允许操作人员穿戴沾有油污的工作服和手套

C. 绝对禁油

7. 氢气不能与任何(　　)混储、混运,尤其是不能与氧气、氯气混储、混运。

A. 固体　　　　B. 氧化剂　　　　C. 液体

8. 氯气是一种(　　),有强烈的刺激气味。

A. 黄绿色的剧毒气体　B. 红色的气体

C. 绿色的气体

9. 氯气溶于水,常温下 1 体积水可溶解 2.5 体积的氯气。氯气瓶漏气时,(　　)或迅速将其推入水池,或用潮湿的毛巾捂住口鼻,以减轻危害。

A. 用砂土掩埋

B. 救援人员任何时候都不用带防毒面具

C. 可大量浇水

10. 氨极易溶于水,有强烈的刺激性气味,能使人窒息死亡,属于有毒气体;氨能与氯气发生剧烈的反应,所以液氯和液氨不能在同一车厢配装,(　　)在同一库房内混储。

A. 可以　　　　B. 不能

C. 一般情况下可以

11 液氯和液氨(　　)在同一车厢配装,不能在同一库房内混储。

A. 不能　　　　　　　　B. 可以

C. 大多情况下可以

12. 天然气(含甲烷,液化的),别名液化天然气,天然气(　　)。

A. 有腐蚀性　　　B. 极易燃　　　C. 不易燃烧

13. 闪点表示易燃液体的易燃程度。液体的闪点越低,易燃性越大,危险性(　　)。

A. 越小　　　　B. 不变　　　　C. 越大

14. 液体的沸点越低,越易汽化,越易与空气形成爆炸性混合物,其危险性(　　)。

A. 越小　　　　B. 越大　　　　C. 不变

15. 易燃液体的温度升高,挥发量增加,易燃易爆性(　　)。

A. 增大　　　　B. 减小　　　　C. 不变

16. 液体物质的受热膨胀系数较大，加上易燃液体具有易挥发性，装满易燃液体的容器受热后蒸气压增大，往往会造成容器胀裂而引起液体外溢。因此，易燃液体灌装时容器内应（　　）。

A. 留有足够的膨胀余位　B. 一次性灌满

C. 没有液体外溢即可

17. 汽车罐车运输在灌装时，灌装流速过快极易积聚静电，一旦发生静电放电，就可能引起可燃性蒸气的燃烧爆炸，后果严重。因此装运易燃液体的罐车（　　）。

A. 配不配备导除静电的装置都行

B. 必须配备导除静电的装置

C. 不必配备导除静电的装置

18. 易燃液体的蒸气浓度越大，毒性（　　）。

A. 越小　　B. 不变　　C. 越大

19. 苯是无色透明液体，易挥发，具有芳香气味；易溶于有机溶剂，不溶于水，故（　　）用水扑救苯引起的火灾。

A. 不能　　B. 能　　C. 完全可以

20. 易燃液体的蒸气与空气的混合物可被点燃产生瞬间闪光的最低温度称为（　　）。

A. 闪点　　B. 着火点　　C. 起爆点

21. 易燃固体同时具备 3 个条件：燃点低；燃烧迅速；放出有毒烟雾或有毒气体。易燃固体燃点越低，其发生燃烧的可能性和危险性（　　）。

A. 恒定不变　　B. 越小　　C. 越大

22. 易燃固体需明火点燃；易于自燃物质（　　）受热和明火，会自行燃烧；遇水放出易燃气体的物质遇水（包括受湿、酸类和氧化剂）会引起剧烈化学反应，放出可燃性气体和热量。

A. 需要　　B. 不需要　　C. 有时需要

23. 物质在发生自燃时所需要的最低温度，叫做自燃点。自燃点越低，其发生燃烧的可能性和危险性（　　）。

A. 越大　　B. 越小　　C. 恒定不变

24. 遇水放出易燃气体的物质在常温或高温下受潮或与水剧烈反应,且反应速度快;遇酸和氧化剂也能发生反应,而且比与水的反应更为剧烈,因此危险性也(　　)。

A. 更大　　B. 更小　　C. 更弱

25. 赤磷着火点比黄磷高得多,易燃(　　)。

A. 且易自燃　　B. 且遇湿自燃　　C. 但不易自燃

26. 黄磷(又称白磷)性质极活泼,暴露在空气中即被氧化,自燃点低,只需一、二分钟即自燃。所以,黄磷必须(　　),若包装破损出现渗漏,导致黄磷露出液面,就会自燃。

A. 浸没在水中　　B. 浸没在汽油中

C. 浸没在丙酮中

27. 电石(学名碳化钙)为灰色的不规则的块状物,有强烈的吸湿性,能从空气中吸收水分而发生反应,放出(　　)易燃气体。

A. 甲烷　　B. 乙烷　　C. 乙炔

28. 有机过氧化物很不稳定,容易分解,分解时的生成物为(　　),容易引起爆炸。

A. 易燃气体　　B. 气体　　C. 易燃液体

29. 有机过氧化物(如过氧化甲乙酮)比无机氧化剂(如高锰酸钾)更(　　)分解;分解的产物几乎都是气体或易挥发的物质,再加上易燃性和自身氧化性,分解时易发生爆炸。

A. 容易　　B. 难　　C. 不容易

30. 同属氧化性物质的物品,由于氧化性的强弱不同,相互混合后(　　)引起燃烧。

A. 不能　　B. 不一定　　C. 能

31. 硝酸钾,又称火硝,为无色透明晶体或粉末,溶于水;遇热分解放出氧气,当硝酸钾与易燃物质混合后,受热甚至轻微的摩擦冲击也会(　　)。

A. 很安全　　B. 迅速地燃烧或爆炸

C. 很难燃烧

32. 含氰基的化合物叫氰化物,大多数氰化物属(　　)物质。

A. 剧毒　　B. 无毒　　C. 有害

33. 浓硫酸溶于水时,能释放出大量热量。因此,稀释浓硫酸时必须十分小心,应该(　　)。

A. 把水缓缓加入浓硫酸中　B. 把浓硫酸缓缓加入水中

C. 把浓硫酸迅速倒入水中

34. 腐蚀性物质本身的化学性质决定了自身各种不同的性质。腐蚀性物质(　　)混储配载。

A. 可以　　B. 可以大量地　　C. 不可以

35. 酸与碱不可以混装,氧化剂与还原剂(　　)进行配载。

A. 可以　　B. 不可以

C. 一般情况下可以

36. 毒性物质的颗粒(　　),越易引起中毒。

A. 越小　　B. 越大　　C. 越软

37. 毒性物质沸点(　　),越易引起中毒。

A. 越高　　B. 越低　　C. 越不确定

38. 气温(　　),毒性物质的挥发性越大,同时还会增加毒性物质的溶解度和加剧人体呼吸的次数,从而增加毒害品进入人体的可能性。

A. 越低　　B. 越高　　C. 越不确定

39. 动物致死所需某毒性物质的摄入量(或浓度)越小,则表示该毒性物质的毒性(　　)。

A. 越大　　B. 越小　　C. 无法确定

40. 有机毒性物质遇明火、高热或与氧化性物质接触会(　　),燃烧时会放出有毒气体,加剧毒性物质的危险性。

A. 很稳定　　B. 燃烧爆炸　　C. 很安全

41. 感染性物质(第6.2项)是指(　　),包括生物制品、诊断样品、基因突变的微生物、生物体和其他媒体,如病毒蛋白等。

A. 含有病原体的物质　B. 不含有病原体的物质

C. 特殊情况下含有病原体的物质

42. 感染性物质的运输过程(　　),应注意安全防护。

A. 存在感染性　　　　B. 不存在感染性

C. 大多不存在感染性

43. 遇水反应的腐蚀性物质(如三氧化硫)都能与空气中的水汽发生剧烈反应,并同时放出大量热量。当满载这些物品的容器遇水后,则可能因漏进水滴而猛烈反应,使容器炸裂。所以尽管没有给这些物品贴上“遇潮时危险”的副标志,其防水要求也应和遇水放出易燃气体的物质(第4.3项)(　　)。

A. 有区别　　　　B. 不同　　　　C. 相同

44. 某类危险货物除具有主要特性外,还具有一些次要特性,也称为副特性,即次要危险性。危险货物的副特性(　　)酿成大事故。

A. 也会　　　　B. 不会　　　　C. 绝对不会

45. 能放射射线的物质称为放射性物质。放射性物质所放出的射线对人体(　　)。

A. 危害较小

B. 产生极大的危害,可致病、致畸、致癌,甚至可致死

C. 没有危害

(二)判断题(40题)

1. 民用爆炸品、放射性物品、核能物质和城镇燃气的安全管理,适用国务院第344号令《危险化学品安全管理条例》。(　　)

2. 民用爆炸物品的生产、销售、购买、进出口、运输、爆炸作业和储存及硝酸铵的销售、购买,适用国务院第446号令《民用爆炸品安全管理条例》。(　　)

3. 烟花爆竹的生产、经营、运输和燃放,适用国务院第455号令《烟花爆竹安全管理条例》。(　　)

4. 麻醉药品和精神药品的实验研究、生产、经营、使用、储存、运输等活动以及监督管理,适用国务院令第442号《麻醉药品和精神药品管理条例》。(　　)

5. 国务院令第445号《易制毒化学品管理条例》规定,国家对易制毒化学品的生产、经营、购买、运输和进口、出口实行分类管

理和许可制度。（ ）

6. 物质总是以一定的形态而存在的，主要有固态、气态和液态 3 种形态。（ ）

7. 一般地，气体的相对密度是以空气为标准的。相对密度大于 1 的气体会沉在下部地表面。（ ）

8. 一般地，液体的相对密度是以水为标准的。相对密度小于 1 的液体会浮在水面上，如汽油。（ ）

9. 当液体受热而迅速挥发时，如果液面附近的蒸气浓度正好达到其爆炸下限浓度，此时的温度就是闪点。闪点越低危险性越大。（ ）

10. 在一个大气压下，液体沸腾转化为气体时的温度称为沸点，运输温度不得高于危险货物的沸点。（ ）

11. 某类危险货物只具有本类危险货物的主要特性。例如，腐蚀性物质只具有腐蚀特性。（ ）

12. 在物质变化过程中，仅是物质的外形或状态发生了变化，称作化学变化。（ ）

13. 在物质变化过程中，生成新物质的变化，称作物理变化。（ ）

14. 列入危险货物的氧化物（如三氧化硫）除气体外，大部分都会与水发生反应生成碱或酸或释放出氧。所以，在运输过程中必须注意防水。（ ）

15. 大多数有机物不溶于水，故用水来扑灭有机物燃烧的火焰通常无效，而应该用二氧化碳、泡沫或卤剂来扑救。（ ）

16. 危险货物是指具有爆炸、易燃、毒害、感染、腐蚀、放射性等危险性，在运输、储存、生产、经营、使用和处置中，容易造成人身伤亡、财产损毁或环境污染而需要特别防护的物质和物品。（ ）

17.《危险货物分类和品名编号》（GB 6944—2005）中，按危险货物具有的危险性或最主要的危险性把危险货物分为 9 个类别。（ ）

18. 危险货物类别和项别的号码顺序并不是危险程度的顺序。（　）

19.《危险货物分类和品名编号》(GB 6944—2005)把第1类爆炸品划分为6项。（　）

20.《危险货物分类和品名编号》(GB 6944—2005)中,根据气体在运输中的主要危险性把第2类气体分为2.1项易燃气体、2.2项非易燃无毒气体、2.3项毒性气体。（　）

21.《危险货物分类和品名编号》(GB 6944—2005)中,第3类易燃液体不分项。（　）

22.《危险货物分类和品名编号》(GB 6944—2005)中,第4类易燃固体、易于自燃物质、遇水放出易燃气体的物质分为4.1项易燃固体、4.2项易于自燃物质、4.3项遇水放出易燃气体的物质。（　）

23.《危险货物分类和品名编号》(GB 6944—2005)中,第5类氧化性物质和有机过氧化物分为5.1项氧化性物质、5.2项有机过氧化物。（　）

24.《危险货物分类和品名编号》(GB 6944—2005)中,第6类毒性物质和感染性物质分为6.1项毒性物质、6.2项感染性物质。（　）

25.《危险货物分类和品名编号》(GB 6944—2005)中,第7类放射性物质不分项。（　）

26.《危险货物分类和品名编号》(GB 6944—2005)中,第8类腐蚀性物质不分项。（　）

27.《危险货物分类和品名编号》(GB 6944—2005)中,第9类杂项危险物质和物品不分项。（　）

28. 每一种危险货物对应一个编号,每一个编号只对应一种危险货物。（　）

29. 每一种危险货物对应一个编号,每一个编号对应一种或一种以上危险货物。（　）

30. 危险货物按其具有的危险程度划分为3个包装类别:Ⅰ类

包装——具有高度危险性的物质;II 类包装——具有中等危险性的物质;III 类包装——具有轻度危险性的物质。（ ）

31. 在《危险货物品名表》(GB 12268—2005)中,可查到表示危险货物危险程度的包装类别(I、II、III 类)。（ ）

32.《危险货物品名表》(GB 12268—2005)规定,危险货物品名的"编号"采用联合国编号,即 4 位数编号。（ ）

33. 化学爆炸必须同时具备 3 个因素:(1)反应速度快;(2)释放出大量的热;(3)产生大量气体生成物。（ ）

34. 引起某爆炸品爆炸所需的起爆能量越小,该爆炸品的敏感度越高,危险性也越小。（ ）

35. 气体的爆炸范围越大,则其燃烧的可能性越大。（ ）

36. 临界温度低于常温的气体是压缩气体,临界温度高于常温的气体是液化气体。（ ）

37. 氧化性物质本身不一定可燃,但可以放出氧而引起其他物质的燃烧。（ ）

38. 所有的可燃物都是危险货物。（ ）

39. 如果一种危险货物既有主要危险性,也具有比较重要的次危险性,那么在运输此类物质时,应在包装上分别标有主次两种危险性标志。（ ）

40. 当炸药内混入坚硬物质如玻璃、铁屑、砂石等时,则其撞击感度增加,危险性降低。（ ）

三、危险货物运输包装知识(60 题,其中选择题 40 题、判断题 20 题)

(一)选择题(40 题)

1. 压缩气体和液化气体,处于较高压力下使用的是（ ）包装。

A. 玻璃瓶　　B. 耐压钢瓶　　C. 普通铁桶

2. 一般来说,液体货物的包装强度应（ ）。

A. 比固体货物的高　　B. 比固体货物的低

C. 和固体货物的一样

3. 下列需要采取严密包装的货物是(　　)。

A. 油浸的纸、棉、绸、麻等及其制品

B. 液氧　　C. 双氧水

4. 根据包装性能的要求,严密封口可分为气密封口、牢固封口和(　　)3 种。

A. 不透气封口　B. 固态封口　C. 液密封口

5. 国家标准(　　)中,有说明货物在装卸、保管、运输、开启时应注意的事项。

A.《危险货物包装标志》(GB 190)

B.《包装储运图示标志》(GB 191)

C.《危险货物运输包装通用技术条件》(GB 12463)

6. 压缩气体和液化气体危险货物的专用包装,其最显著的特点是能承受一定程度的内压力,所以称为(　　)。

A. 安瓿瓶　B. 压力容器包装　C. 玻璃瓶

7. 用于盛装危险货物的木桶,一般规定容积不得超过(　　),净重不得超过 50 千克。

A. 40 升　B. 50 升　C. 60 升

8. 一般(　　)适用于装腐蚀性液体。

A. 胶合板桶　B. 铝桶　C. 铁桶

9. 国际标准的集装箱(20ft、40ft),是以(　　)尺寸来划分规格的。

A. 高度　B. 宽度　C. 长度

10. 铁皮箱一般用于盛装(　　)。

A. 腐蚀性的液体　B. 黏稠状的液体

C. 块状固体或作销售包装的外包装

11. 运输包装标志是在收货、装卸、搬运、储存保管、送达直至交付的运输全过程中(　　)的重要基础。

A. 区别与辨认货物　B. 辨认货物　C. 交付货物

12. 按照《包装储运图示标志》(GB 191)规定,图示表示(　　)标志。

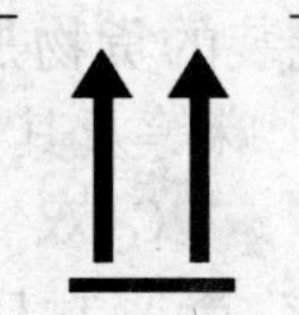

A. 禁止翻滚　　B. 向上　　C. 小心轻放

13. 按照《包装储运图示标志》(GB 191)规定,图示表示(　　)标志。

A. 禁止翻滚　　B. 向上　　C. 易碎物品

14. 按照《包装储运图示标志》(GB 191)规定,图示表示(　　)标志。

A. 禁止手钩　　B. 向上　　C. 小心轻放

15. 按照《包装储运图示标志》(GB 191)规定,图示表示(　　)标志。

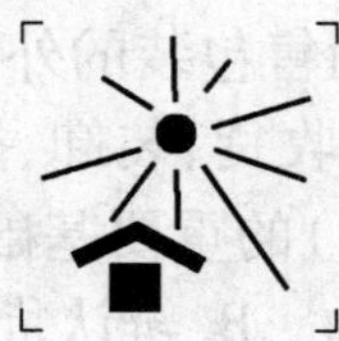

A. 禁止翻滚　　B. 怕晒　　C. 小心轻放

16. 按照《包装储运图示标志》(GB 191)规定，图示表示(　　)标志。

A. 怕雨　　B. 向上　　C. 小心轻放

17. 按照《包装储运图示标志》(GB 191)规定，图示表示(　　)标志。

A. 禁止翻滚　　B. 向上　　C. 重心

18. 按照《包装储运图示标志》(GB 191)规定，图示表示(　　)标志。

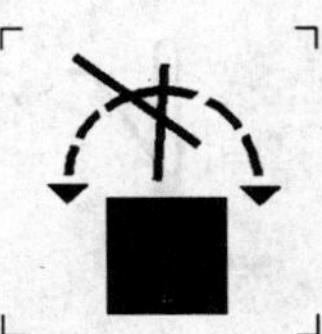

A. 禁止翻滚　　B. 向上　　C. 小心轻放

19. 按照《包装储运图示标志》(GB 191)规定，图示表示(　　)标志。

A. 禁止翻滚　　B. 向上　　C. 由比夹起

20. 按照《包装储运图示标志》(GB 191)规定,图示表示(　　)标志。

A. 禁止翻滚　　B. 禁止堆码　　C. 小心轻放

21. 按照《包装储运图示标志》(GB 191)规定,图示表示(　　)标志。

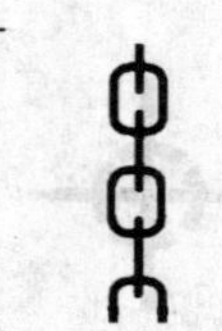

A. 由此吊起　　B. 向上　　C. 小心轻放

22. 按照《包装储运图示标志》(GB 191)规定,图示表示(　　)标志。

A. 禁止翻滚　　B. 向上　　C. 温度极限

23. 危险化学品标志的使用原则是,当一种危险化学品具有一种以上的危险性时,应用主标志表示主要危险性类别,并用副标志来表示(　　)危险性类别。

A. 重要　　B. 全部　　C. 次要

24. 危险化学品标志的使用原则是,当一种危险化学品具有一种以上的危险性时,应用(　　)表示主要危险性类别,并用副标志来表示次要危险性类别。

A. 标志　　B. 主标志　　C. 指示灯

25. 危险化学品标志的使用原则是,当一种危险化学品具有一种以上的危险性时,应用主标志表示主要危险性类别,并用(　　)来表示次要危险性类别。

A. 标志　　B. 符号　　C. 副标志

26. 危险化学品标志的使用原则是,当一种危险化学品具有一种以上的危险性时,应用主标志表示主要危险性类别,并用副标志来表示(　　)类别。

A. 品名　　B. 次要危险性　　C. 加二

27. 道路危险货物运输车辆标志灯上的文字应为(　　)。

A. 化学品　　B. 危险　　C. 危险物

28. 危险货物包装的主要作用是(　　)。

A. 使商品美观大方　　B. 便于销售

C. 防止货物泄漏

29. 道路危险货物运输车辆标志牌的材质为金属板材,形状为(　　)。

A. 圆形　　B. 三角形　　C. 菱形

30. 包装是安全的保障,对货物进行包装并确保其符合国家安全运输的要求是(　　)的责任。

A. 经销商　　B. 货主　　C. 托运人

31. 图示道路危险货物运输车辆标志牌,表示该车辆可以承运(　　)。

(底色:橙红色,图案:黑色)

A. 腐蚀性物质　　B. 爆炸品　　C. 易燃液体

32. 图示道路危险货物运输车辆标志牌,表示该车辆可以承运(　　)。

(底色:红色,图案:黑色)

A. 爆炸品　　B. 第 2.2 项非易燃无毒气体

C. 第 2.1 项易燃气体

33. 图示道路危险货物运输车辆标志牌,表示该车辆可以承运(　　)。

(底色:红色,图案:黑色)

A. 易燃液体　　B. 第 4.1 项易燃固体

C. 第 4.2 项易于自燃物质

34. 图示道路危险货物运输车辆标志牌,表示该车辆可以承运(　　)。

(底色:白色红条,图案:黑色)

A. 易燃液体　　B. 第 4.1 项易燃固体

C. 第 5.1 项氧化性物质

35. 图示道路危险货物运输车辆标志牌,表示该车辆可以承运(　　)。

(底色:柠檬黄色,图案:黑色)

A. 第5.1项氧化性物质　　B. 第4.1项易燃固体

C. 第2.3项毒性气体

36. 图示道路危险货物运输车辆标志牌,表示该车辆可以承运(　　)。

(底色:白色,图案:黑色)

A. 第5.1项氧化性物质　　B. 第6.1项毒性物质

C. 第6.2项感染性物质

37. 图示道路危险货物运输车辆标志牌,表示该车辆可以承运(　　)。

(底色:白色,图案:黑色)

A. 第6.2项感染性物质　　B. 第6.1项毒性物质

C. 放射性物质

38. 图示道路危险货物运输车辆标志牌，表示该车辆可以承运(　　)。

(底色：上白下黑色，图案：上黑下白色)

A. 放射性物质　　B. 易燃液体　　C. 腐蚀性物质

39. 图示道路危险货物运输车辆标志牌，表示该车辆可以承运(　　)。

(底色：白色，图案：黑色)

A. 放射性物质　　B. 易燃液体　　C. 杂类

40. 气瓶应尽量采用直立运输，直立气瓶高出栏板部分不得大于气瓶高度的(　　)。

A. 1/2　　B. 1/3　　C. 1/4

(二)判断题(20 题)

1. 道路运输爆炸品、剧毒化学品的车辆，应在车辆两侧面厢板几何中心部位附近的适当位置各增加悬挂一块标志牌。(　　)

2. 道路危险货物运输车辆标志是道路危险货物运输车辆区别于其他车辆的主要标示，在危险货物运输过程中起到警示及救援参照作用。(　　)

3. 质检部门应当对危险化学品的包装物、容器的产品质量进

行定期的或者不定期的检查。（　　）

4.《道路危险货物运输车辆标志》(GB 13392—2005)规定,道路危险货物运输车辆标志分为标志灯和标志牌两类。（　　）

5.《道路危险货物运输车辆标志》(GB 13392—2005)规定,车辆载质量不同,标志灯大小尺寸也不同。（　　）

6.《道路危险货物运输车辆标志》(GB 13392—2005)规定,车辆载质量不同,标志牌大小尺寸也不同。（　　）

7.危险货物的衬垫材料应具备缓冲、吸附和缓解作用。（　　）

8.具有氧化性的货物,可以使用有机材料作为衬垫。（　　）

9.《道路危险货物运输车辆标志》(GB 13392—2005)规定,标志灯按安装方式分为磁吸式、顶檐支撑式、金属托架式3种。（　　）

10.一般来说,危险性大的货物,单件货物重量要小一些。（　　）

11.道路危险货物运输车辆标志牌按《危险货物分类和品名编号》(GB 6944—2005)规定的危险货物的类、项和车辆载质量分型。（　　）

12.一种危险货物同时具有两种以上危险性质的,包装上可以只有表明该货物主特性的主标志。（　　）

13.一个包装件内装有几种不同性质的危险货物时,这些危险货物的包装标志都应在包装件的外表面上标示。（　　）

14.爆炸品的运输包装必须进行专用包装。（　　）

15.某种腐蚀品只能用某种材料包装,若某件包装用于一种腐蚀品后,如能重复使用,也只能用于该腐蚀品而不能移作它用。（　　）

16.国标《危险货物包装标志》(GB 190)把危险货物包装标志分为主标志和副标志两类。（　　）

17.《道路危险货物运输车辆标志》(GB 13392—2005)规定,标志灯应该是荧光的,标志牌应该是反光的。（　　）

18.《包装储运图示标志》(GB 191)中,图示标志名称为"此处不能卡夹",表明装卸货物时此处不能用夹钳夹持。 ( )

19.《包装储运图示标志》(GB 191)中,图示标志名称为"禁用叉车",表明不能用升降叉车搬运的包装件。 ( )

20.《包装储运图示标志》(GB 191)中,图示标志名称为"此面禁用手推车",表明搬运货物时此面禁放手推车。 ( )

四、道路危险货物运输车辆的基本要求(95 题,其中选择题 50 题、判断题 45 题)

(一)选择题(50 题)

1. 运输( )时,车辆的排气管必须安装阻火器和导静电拖地带。

A. 毒性物质　　B. 易燃物品　　C. 腐蚀性物质

2. 车辆在装运易燃易爆危险货物时,应使用( )防护衬垫。

A. 木板或橡胶板　B. 铁板　　C. 铜板

3. 道路危险货物运输车辆应具有一些特殊的安全设备,

如(　　)。

A. 导静电拖地带　B. 千斤顶　C. 安全带

4.《道路危险货物运输管理规定》要求道路运输爆炸、强腐蚀性危险货物罐式专用车辆的罐体容积不得超过(　　)立方米。

A. 10　B. 20　C. 40

5.《道路危险货物运输管理规定》要求道路运输剧毒、爆炸、强腐蚀性危险货物的非罐式专用车辆,核定载质量不得超过(　　)吨。

A. 10　B. 20　C. 40

6. 道路运输易燃危险货物的车辆,应具有一些特殊的安全设施,如(　　)。

A. 熄灭火星装置　B. 千斤顶　C. 安全带

7. 在装运氧气等强氧化性气体时,应对车厢进行清理,绝对不能在车厢内存留(　　)。

A. 木板、橡胶板　B. 钢索、铁架

C. 油脂或含有油脂的残留物

8. 道路运输遇水放出易燃气体物质的车辆,必须具备有效的(　　)设备。

A. 防静电拖地带　B. 防水　C. 加热

9. 压力专用罐车的罐体必须每年定期进行(　　)次检验。

A. 2　B. 3　C. 1

10. 盛装过危险货物的空容器,未经清洗、消毒处理的,必须按(　　)条件办理托运。

A. 原装货物　B. 普通货物

C. 原装货物或普通货物

11. 车辆进入危险货物装卸作业区,按作业有关安全规定驶入装卸作业区,并将车辆摆在(　　)。

A. 低洼处　B. 任意地方

C. 容易驶离作业现场的方位上

12. 装载货物时,高出栏板的最上一层包装件,堆码应从车厢两面向内错位骑缝，超出车厢前挡板的部分不得大于包装件高度的(　　)。

A. 1/2　　B. 1/3　　C. 1/4

13. 装运高出栏板的货物，装车后，必须用绳索捆扎牢固，易滑动的包装件，需用两块苫布覆盖货物时，中间接缝处须有大于(　　)的重叠覆盖。

A. 10 厘米　　B. 15 厘米　　C. 5 厘米

14. 装卸爆炸品、有机过氧化物、剧毒品时，装卸机具应按小于额定负荷的(　　)使用。

A. 90%　　B. 100%　　C. 75%

15. 用两块苫布覆盖车厢内的危险货物时，中间接缝必须(　　)。

A. 前苫布压在后苫布上　　B. 后苫布压在前苫布上

C. 前苫布与后苫布可以随意搭接

16. 道路危险货物运输从业人员，在装卸、运输危险货物时(　　)。

A. 可以吸烟　　B. 严禁吸烟

C. 吸不吸烟都行

17.《道路危险货物运输管理规定》要求，(　　)只能运输散装硫磺、萘饼、粗蒽、煤焦沥青等危险货物。

A. 货车列车　　B. 厢式汽车　　C. 倾卸式汽车

18. 装运大型气瓶的车辆必须配置活络插桩、三角垫木、(　　)等工具。

A. 紧绳器　　B. 苫布　　C. 麻袋

19. 液体罐车超车时，为了防止侧翻，一定要注意(　　)。

A. 加速行驶　　B. 控制车速　　C. 使用灯光

20. 液体罐车转弯时，为了防止侧翻，一定要注意(　　)。

A. 靠左行驶　　B. 使用灯光　　C. 控制车速

21. 罐车压力表每隔(　　)个月至少检验一次，损坏或失灵后，应予以更换。

A. 4　　B. 5　　C. 6

22. 经检验合格的道路危险货物运输罐车压力表,应有铅封和(　　)。

A. 检验合格证　　B. 销售合格证　　C. 出厂合格证

23. 运油车罐体两侧要有明显的(　　)字样。

A. 严禁烟火　　B. 注意安全　　C. 保持距离

24. 运输爆炸品、剧毒化学品的车辆,应在车辆两侧各增加一块标志牌,悬挂位置一般(　　)。

A. 居前　　B. 居中　　C. 居后

25. 道路危险货物运输车辆停靠货垛时,应听从作业区指挥人员的指挥,车辆与货垛之间要(　　)。

A. 留有人行通道　　B. 留有安全距离　　C. 紧靠

26. 装车完毕后车辆起步前,(　　)应对货物的堆码、遮盖、捆扎等安全措施及对影响车辆起动的不安全因素进行检查,确认无不安全因素后,方可起步。

A. 驾驶人员　　B. 押运人员

C. 装卸管理人员

27. 装运液化石油气的罐车,当罐车内温度达到(　　)时,应采取遮阳或罐外冷水降温措施。

A. 30℃　　B. 40℃　　C. 50℃

28. 压力容器罐车在运输途中,应密切注视容器的(　　)工作情况,发现异常,应立即停车,排除故障后,继续运行。

A. 压力表　　B. 转速表　　C. 车速表

29. 驾驶人员、押运人员出车前应检查随车必备的(　　)是否齐全有效。

A. 消防用具　　B. 洗漱用具　　C. 保暖用品

30. 运输途中押运人员应提醒驾驶人员按照规定(　　),并检查所载货物的状况是否正常。

A. 与单位联系　　B. 吸烟　　C. 停车休息

31. 道路运输医疗废弃物应使用(　　)。

A. 罐式车辆　　B. 栏板货车　　C. 厢式货车

32. 道路运输易燃易爆危险货物的车辆蓄电池应有(　　)。

A. 温控装置　　B. 隔离电火花装置

C. 冷却装置

33. 装载易燃液体罐车必须配备不少于(　　)个与所装载液体危险货物相适应的灭火器或有效的灭火设施。

A. 1　　B. 4　　C. 2

34. 罐车装卸时,现场人员应站在(　　)处,密切注视进料情况,防止货物溢出。

A. 上风　　B. 下风

C. 上风下风均可

35. 各种易燃气体压力罐车装卸时,应检查管道接头、仪表、泄压阀等安全装置的情况良好,并接通(　　)装置。

A. 导除静电　　B. 电路　　C. 油路

36. 大多数的(　　)蒸气对人体健康具有危害性,驾驶人员在作业前或作业中,应加强集装箱、封闭式车厢的排气通风,以使易燃蒸气能有效地扩散。

A. 氧气　　B. 易燃固体　　C. 易燃液体

37. 道路危险货物运输车辆在雨天、雾天行驶时,应(　　)。

A. 加速行驶　　B. 减速行驶　　C. 匀速行驶

38. 道路危险货物运输车辆行驶中,严禁(　　)。

A. 喝水　　B. 搭乘无关人员　　C. 相互交谈

39. 在有坡度的场地装卸危险货物时,应采取防止车辆(　　)的有效措施。

A. 熄火　　B. 溜坡　　C. 温升

40. 道路运输剧毒危险货物时,驾驶人员中途不得(　　)。

A. 进食　　B. 休息　　C. 听音乐

41. 危险货物车辆通过铁路与公路交接的立交桥时,应注意(　　)。

A. 出口标志　　B. 指路标志　　C. 限高标志

42. 装卸危险货物过程中,需要移动车辆,应先(　　),在保证安全的情况下,才能移动。

A. 进食　　B. 休息

C. 关上车厢门或栏板

43. 道路危险货物运输罐车卸货前,应确认所卸货物与贮罐所标货物名称是否(　　)。

A. 相似　　B. 相符　　C. 不同

44. 散装煤焦油沥青在高温季节应在(　　)时间段进行运输装卸作业。

A. 中午　　B. 早晚　　C. 吃饭

45. 装运腐蚀性物质的车厢和装卸工具不得沾有(　　)。

A. 玻璃碴　　B. 砂土　　C. 氧化性物质

46. 道路危险货物车辆标志灯应安装在(　　)位置。

A. 驾驶室顶部中间　　B. 驾驶室顶部左侧

C. 驾驶室顶部右侧

47. 道路危险货物运输专用车辆应当按照国家标准(　　)的要求悬挂标志。

A.《危险货物品名表》(GB 12268—2005)

B.《道路运输危险货物车辆标志》(GB 13392—2005)

C.《危险货物分类和品名编号》(GB 6944—2005)

48. 道路危险货物运输的车辆应按(　　)驶入装卸作业区。

A. 个人习惯　　B. 任意路线

C. 装卸作业的有关安全规定

49. 装卸人员在装卸危险货物时,发现有包装破损的危险货物,应(　　)。

A. 继续装运　　B. 拒绝装运　　C. 商量装运

50. 道路运输遇水放出易燃气体的固体,应使用(　　)运输。

A. 栏板货车　　B. 厢式货车　　C. 罐式车辆

(二)判断题(45 题)

1. 爆炸品、遇水放出易燃气体的物质、固体剧毒物品、感染性

物质、放射性物品和有机过氧化物应使用厢式货车运输。（　）

2. 道路运输腐蚀性液体、剧毒液体、易燃液体应使用专用罐车。（　）

3. 装有危险货物的专用容器可使用栏板货车运输。（　）

4. 道路危险货物运输车辆通过铁路道口时，应按照交通信号或者管理人员的指挥通行。（　）

5. 道路运输腐蚀性液体货物，可选用专用罐车或罐式集装箱。（　）

6. 道路运输有机过氧化物、感染性物质可选用没有控温装置的厢式车型。（　）

7. 道路运输易燃易爆危险货物时，车辆必须安装火花熄灭器，以确保运输安全。（　）

8. 道路危险货物运输车辆的排气管，必须符合国家标准《机动车排气火花熄灭器性能要求和试验方法》的规定。（　）

9. 运输车辆必须在驾驶室安装便于驾驶人员能随时操作切断电源的总开关。（　）

10. 使用封闭式货车运输易燃液体时，应将货箱的门和天窗关紧、封闭、并锁好，以防货物丢失。（　）

11. 因铁制容器坚固，可以有效保护货物不受损坏，故所有危险货物均应用其包装。（　）

12. 道路运输爆炸品的车辆，出车前应检查车厢内是否有酸、碱、氧化剂等。（　）

13. 道路运输易燃、易爆危险货物车辆，必须配备导除静电装置。（　）

14. 大部分易燃易爆液体货物运输时会在罐内晃动、与罐体内壁接触面积增大，极易产生静电，应急时排除。因此，其运输车辆必须安装导除静电的橡胶拖地带。（　）

15. 利用拖地橡胶带中的金属导体与地面接触，可以及时排除静电，以达到安全运输的目的。（　）

16. 道路运输易燃易爆货物车辆必须将导静电橡胶拖地带拖

地,但空车时可以不接导静电橡胶拖地带。 ( )

17. 气瓶卸货时,不得溜放、摔掼。 ( )

18. 道路危险货物运输车辆应按照《道路运输危险货物车辆标志》(GB 13392—2005)的要求,使用危险品标志灯、标识和标牌。 ( )

19. 栏板车辆车厢底板必须平整完好,周围栏板必须牢固,周围没有栏板的车辆,可临时装运危险货物。 ( )

20. 车辆停靠货垛时,应听从作业区指挥人员的指挥,待装、待卸车辆与装卸货物的车辆应保持足够的安全距离,不准堵塞安全通道。 ( )

21. 道路危险货物运输车辆,根据所装危险货物的性质,应配备相应的消防器材。 ( )

22. 装运危险货物的集装箱专用车辆,必须配备有效的紧固装置,其紧固装置必须牢固安全、有效。 ( )

23. 道路危险货物运输罐体一侧的适当部位,喷写"罐体下次检验日期:××××年××月"字样,以提示到期进行强制性检测。 ( )

24. 根据所装危险货物性质和包装形式,车辆应配备相应的捆扎用大绳、防散失用的网罩、防水用的苫布等工、属具。 ( )

25. 道路危险货物运输车辆可以随意改装,以便有利于运输。 ( )

26. 专用罐车按其罐体承受工作压力大小,分压力罐车和常压罐车。 ( )

27. 道路运输液体危险货物,可以使用移动罐体车辆运输。 ( )

28. 厢式货车适宜运输爆炸品、遇水放出易燃气体、氧化性物质及毒性物质等危险货物,在运输中能防止危险货物货损、货差和丢失;能起到防雨、防雷等保护作用。 ( )

29. 罐式集装箱运输车辆主要用于运输固体危险货物。 ( )

30. 集装箱装运危险货物，应考虑危险货物化学性质的抵触性、敏感性。在同一箱体内可适当装入性质相抵触的危险货物。（ ）

31. 控温厢式货车，其车厢内应有制冷或加温装置以及保温措施，驾驶室应有温度监控系统。（ ）

32. 控温厢式车多数从事腐蚀性物质的运输。（ ）

33. 不具备防雨雪防潮湿条件的车辆和场所，不准进行遇水放出易燃气体的危险货物运输作业。（ ）

34. 罐式货车是将罐体固定在载货汽车的底盘上。罐体也可与车辆分离。（ ）

35. 拖挂罐体车是将罐体永久固定在挂车上，与挂车不可分离，牵引车与挂车可分离。（ ）

36. 道路危险货物运输的车辆只有达到二级或二级以上等级时，才可上路行驶。（ ）

37. 只要技术等级为一级的营运车辆，就可进行道路危险货物运输。（ ）

38. 道路运输毒性物质和感染性物质的车辆，需要在每次运输后进行及时、彻底的清洗和消毒。（ ）

39. 道路运输遇水放出易燃气体的物质，车厢必须干燥、无积水。（ ）

40. 道路运输氧化性物质和有机过氧化物的车厢，不得有任何酸类及煤屑、木屑、硫磺、磷等可燃物的残留物，车厢必须干净。（ ）

41. 道路运输感染性物质后的车辆应自行清洗、消毒。（ ）

42. 罐体改装其他液体，必须经过清洗和安全处理，其污水应排入下水道内。（ ）

43. 道路运输放射性物品的车辆，应符合《放射性物质安全运输规程》（GB 11806）。（ ）

44. 道路运输易燃易爆危险货物的车辆车厢为铁底板的，应

当采取衬垫防护措施,如铺垫木板、胶合板、橡胶板等。 ( )

45. 道路运输容易升华、挥发出易燃、有害或刺激性气体的危险货物时,应保持车厢封闭良好。 ( )

五、常见危险货物应急处理措施(115 题,其中选择题 70 题、判断题 45 题)

(一)选择题(70 题)

1. 道路运输汽油的车辆着火时,不能使用( )灭火剂。

A. 水　　B. 二氧化碳　　C. 泡沫

2. 在道路运输毒性物质过程中,应随车携带( )。

A. 苫布　　B. 麻袋　　C. 防毒面具

3. 储运金属钠时,通常将其放入煤油或石蜡等矿物油中,主要是为了( )。

A. 防止碰撞　　B. 防止被盗

C. 防止与空气中的氧和钠接触

4. 金属钠遇水时发生剧烈反应并释放大量氢气而造成火灾,此类火灾只能用下列( )灭火。

A. 二氧化碳灭火剂　　B. 水

C. 砂土

5. 当爆炸品发生大量撒漏时,应( )方式处理。

A. 用土覆盖就地掩埋

B. 用水湿润,撒以锯末或棉絮等松软物收集后,报请公安或消防人员处理

C. 收集起来,重新放入包装容器中

6. 正确处理易燃液体泄漏的方式是( )。

A. 用水冲刷至地沟、下水道或河流中

B. 用火点燃使之燃烧完

C. 用松软材料吸附后集中

7. 火灾发生的三大要素是( )。

A. 着火源、可燃物、助燃物　　B. 空气、热量、可燃物

C. 电源、空气、热

8. 不属于着火源的是(　　)。

A. 电火花　　B. 静电　　C. 太阳光

9. 当(　　)着火时,禁止使用砂土覆盖。

A. 散装爆炸品　　B. 汽油　　C. 硫酸

10. 当(　　)着火时,禁止用水灭火。

A. 碳化钙(电石)　　B. 红磷　　C. 硫磺

11. 运输易燃气体途中遇有火情必须迅速扑救,应将未着火的气瓶迅速移至安全处;对已着火的气瓶应使用大量(　　)喷洒在气瓶上,使其降温冷却。

A. 雾状水　　B. 热水　　C. 碱性水

12. 道路运输易燃液体,车上人员不准(　　),车辆不得接近明火及高温场所。

A. 吸烟　　B. 进食　　C. 喝水

13. 当(　　)燃烧时会产生剧毒的五氧化二磷等气体,扑救时应穿戴防护服和防毒面具。

A. 黄磷　　B. 铝粉　　C. 萘

14. 当(　　)着火后,被水扑灭只是暂时熄灭,残留物待水分挥发后又会自燃。

A. 萘　　B. 铝粉　　C. 黄磷

15. 当(　　)着火时,可用水灭火。

A. 汽油　　B. 苯　　C. 硫磺

16. 当(　　)着火时,不得用水作为灭火剂。

A. 铝粉　　B. 硫磺　　C. 萘

17. 镁粉发生火灾时,应使用(　　)灭火。

A. 水　　B. 特殊干粉　　C. 二氧化碳

18. 氧化性物质撒漏后,应使用(　　)工具来收集处理。

A. 惰性材质　　B. 金属　　C. 纸质

19. 运输盛装碳化钙(电石)的钢桶中通常充入(　　)稳定剂,确保运输安全。

A. 水　　B. 煤油　　C. 氮气

20. 毒性物质氰化物发生火灾时,应用(　　)扑救。

A. 水　　B. 酸碱灭火剂　　C. 泡沫灭火剂

21. 爆炸品通常采用(　　)灭火。

A. 水冷却法　　B. 窒息法或隔离法

C. 砂土覆盖法

22. 电石颗粒溅入眼睛内,应先用蘸(　　)或植物油的棉签去除颗粒后,再用水冲洗。

A. 石蜡油　　B. 机油　　C. 煤油

23. 化学品事故的特点是发生突然、持续时间长、(　　)、涉及面广等。

A. 扩散迅速　　B. 迅速聚集　　C. 人员伤亡多

24. 道路运输酒精过程中,酒精的主要危害是(　　)。

A. 助燃　　B. 易燃　　C. 刺激

25. 液体危险货物装卸作业时,应使用(　　)保护面部。

A. 太阳镜　　B. 防护面罩　　C. 毛巾

26. 扑救(　　)危险货物火灾时,扑救人员应先关闭管道或容器阀门,阻止其继续外溢,扩大灾情。

A. 液体　　B. 固体　　C. 粉状

27. 扑救(　　)危险货物火灾时,扑救人员应先关闭管道或容器阀门,阻止其继续外泄,扩大灾情。

A. 固体　　B. 气体　　C. 粉状

28. 大部分有毒气体能溶解于水,遇有泄漏时,若无法控制,可将气瓶推入(　　),并及时通知相关管理部门处理。

A. 水中　　B. 路边　　C. 无人的地方

29. 从业人员进入危险货物作业现场,开启仓库、集装箱和封闭式车厢时要先(　　),以保障作业安全。

A. 搬运　　B. 装卸　　C. 通风排气

30. 硫磺在燃烧时产生(　　)和刺激性气体,扑救时必须注意带好防毒面具。

A. 有毒　　B. 剧毒　　C. 碱性

31. 堆码货物时，桶口、箱盖一般应朝上。允许横倒的桶口及袋装货物的袋口应(　　)。

A. 朝里　　B. 朝外

C. 朝里朝外都行

32. 遇热、遇潮容易引起燃烧、爆炸或产生有毒气体的危险货物，在装运时应采用(　　)措施。

A. 隔热、防潮　　B. 密封　　C. 防尘

33. 从业人员装卸、运输毒性物质前后，禁止(　　)。

A. 喝水　　B. 进食　　C. 饮酒

34. 装运(　　)时，应先了解包装桶内有无充填保护气体。

A. 碳化钙(电石)　　B. 汽油　　C. 乙醇

35. 运输中发现有毒气体气瓶漏气时，根据(　　)做好相应的人身防护措施。

A. 气体性质　　B. 气体质量多少　　C. 车辆类型

36. 在道路危险货物运输中的任何情况，雷管和炸药都(　　)。

A. 可以同车装运　　B. 不得同车装运　　C. 没有装运限制

37. 在任何情况下，装卸危险货物时，运输雷管和炸药的两车都(　　)。

A. 不可以同时在同一场地进行装卸

B. 可以同时在同一场地进行装卸

C. 不受限制

38. 从业人员使用起重机装卸大型气瓶或罐式集装箱时，必须(　　)。

A. 穿好防护工作服　　B. 戴好防毒面具

C. 戴好安全帽

39. 易于自燃物质灭火时一般可用(　　)灭火。

A. 干粉灭火剂、砂土和二氧化碳

B. 水　　C. 碱性水

40. 装运易燃液体的道路危险货物运输车辆若发生故障，在

维修时应严格控制(　　)。

A. 夜晚作业　　B. 明火作业　　C. 中午作业

41. 有机过氧化物、金属过氧化物着火时,可用(　　)扑救。

A. 水　　B. 泡沫灭火剂　　C. 砂土或干粉

42. 氰化物遇酸性物质能生成剧毒气体氢化氰,着火时,不得用(　　)扑救。

A. 酸碱灭火剂　　B. 水　　C. 砂土

43. 当酸性危险货物大量泄漏后,应首先采用(　　)处理。

A. 大量水稀释　　B. 碱性物质中和　　C. 火点燃

44. 道路危险货物运输从业人员装运毒性物质时,如果皮肤破伤,(　　)。

A. 应继续作业,完工后进行处理

B. 应立即停止作业,并进行必要的医疗处理

C. 无需作任何处理

45. 装运氧化性物质和有机过氧化物时,若发生包装破损,撒漏物(　　)。

A. 不得装入原包装内,必须另行处理

B. 可装入原包装内,继续装运

C. 应立即点燃

46. 装运的硫酸粘到手上后,应立即用(　　)清洗。

A. 清水　　B. 酒精　　C. 汽油

47. 从火场上救出的气瓶,如没有发生泄漏等情况,待(　　)可以继续运输。

A. 冷却后　　B. 加热后　　C. 泄漏完

48. 装卸腐蚀性物质的现场,应依据货物特性备有(　　)或苏打水、稀酯酸,以备急救。

A. 制冷装置　　B. 加温装置　　C. 水源

49. 装卸气瓶时,在同一车箱内不准有(　　)人以上同时往车上装瓶。

A. 2　　B. 4　　C. 3

50. 道路运输甲醇的车辆发生阀门泄漏时，首先应(　　)，再通知本单位或有关部门。

A. 通知就近单位　　B. 通知运管部门

C. 采取有效封堵措施

51. 易燃液体装卸始末，管道内流速不得超过(　　)。

A. 2 米/秒　　B. 4 米/秒　　C. 1 米/秒

52. 易燃液体正常装卸作业中流速不宜超过(　　)。

A. 2 米/秒　　B. 3 米/秒　　C. 4 米/秒

53. 道路运输酒精的车辆着火时，应采用(　　)灭火。

A. 普通泡沫灭火剂　　B. 细砂

C. 水

54. 道路危险货物运输车辆的轮胎爆破后，应(　　)。

A. 紧急制动

B. 稳住方向，使车辆逐渐减速停止

C. 迅速转向，立即停车

55. 道路危险货物运输从业人员的头部受到毒性物质污染时，首先应注意(　　)。

A. 打电话求援　　B. 用大量清水冲洗

C. 用毛巾擦抹干净

56. 高温天气运输液化气罐车途中因故障停车时，应注意(　　)。

A. 罐体遮阳，防止暴晒　　B. 就地修理

C. 通知运管部门

57. 道路运输硫酸的车辆着火时，应采用(　　)灭火。

A. 强大水流　　B. 雾状水　　C. 泡沫灭火剂

58. 道路运输硝酸的车辆着火时，应采用(　　)灭火。

A. 雾状水　　B. 强大水流　　C. 泡沫灭火剂

59. 危险货物金属钾着火时，应采用(　　)灭火。

A. 雾状水　　B. 砂土、干粉、二氧化碳

C. 普通泡沫灭火剂

60. 危险货物乙炔着火时,采用(　　)灭火。

A. 砂土　　B. 干粉　　C. 碱性水

61. 危险货物二硫化碳发生小量泄漏时,可用(　　)。

A. 火点燃　　B. 水稀释　　C. 砂土吸收

62. 危险货物甲醇着火时,应采用(　　)灭火。

A. 酸性水　　B. 水　　C. 干粉

63. 危险货物粗制萘发生小量撒漏时,可用(　　)。

A. 风吹　　B. 干燥罐收集　　C. 砂土掩埋

64. 装卸硫磺时,不小心皮肤接触,可用(　　)处理。

A. 水冲洗　　B. 酸清洗　　C. 汽油冲洗

65. 危险货物铝镁粉着火时,应用(　　)灭火。

A. 水　　B. 砂土　　C. 二氧化碳泡沫

66. 危险货物硫磺粉着火时,可采用(　　)。

A. 雾状水扑救　　B. 加压水冲击

C. 酸性加压水冲击

67. 危险货物精萘着火时,宜用(　　)灭火。

A. 雾状水　　B. 加压水冲击　　C. 泡沫灭火剂

68. 在发生重大事故时,应拨打(　　)号码电话。

A. 114　　B. 121　　C. 110

69. 当爆炸品发生撒漏时,(　　)将收集的撒漏物重新装入原包装内。

A. 可以　　B. 一般情况下可以

C. 绝对不允许

70. 道路运输易燃物体作业现场必须严禁烟火,作业现场应划定警戒区,一般半径(　　)米内不得有热源或明火。

A. 10　　B. 15　　C. 30

(二)判断题(45 题)

1. 乙炔气和氧气不能混装和混储。　　(　　)

2. 氨气和氯气可以混装和混储。　　(　　)

3. 毒性物质主要是通过呼吸道、皮肤和消化道进入人体内,

因此在装运过程中应重点防止上述 3 项传播途径。（ ）

4. 任何一种危险化学品发生火灾时均可用水施救。（ ）

5. 燃烧可能产生毒性物质的危险货物着火时，应佩戴防毒面具，站在上风口进行扑救。（ ）

6. 大部分固态或液体氧化物遇水会发生化学反应并释放出氧气，故在装运过程中要特别注意防水。（ ）

7. 在运输易燃液体过程中最主要的危险是易挥发的蒸气易与空气混合，引发燃烧和爆炸。（ ）

8. 道路运输易于自燃物质时，要注意避免这类物品与空气接触。（ ）

9. 道路运输易燃气体途中，若发生燃烧，在灭火同时应迅速将未着火气瓶运至空旷安全处，并用大量水喷淋冷却气瓶，以防止灾害扩大。（ ）

10. 道路危险货物运输途中，易燃液体发生燃烧，都应立即用大量水进行喷淋灭火。（ ）

11. 道路运输遇水或酸产生剧毒气体的易燃固体时，必须为驾驶人员和押运人员配备防毒面具。（ ）

12. 道路运输易燃易爆危险货物时，驾驶人员不能在车辆附近随意使用明火。（ ）

13. 道路危险货物车辆夏季运输气体钢瓶时，当气瓶内的温度可能高于 40°C 时，应对瓶体实施遮阳、冷水喷淋、降温等措施。（ ）

14. 道路运输爆炸品时，无外包装的金属桶只能单层摆放，以免压力过大或撞击摩擦引起爆炸。（ ）

15. 道路运输爆炸品，车上严禁搭乘无关人员和危及安全的其他物资。（ ）

16. 爆炸品着火时，也可采用窒息法或隔离法灭火。（ ）

17. 道路运输大型气瓶时，车上必须配备防止钢瓶滚动的紧固装置，如插桩、垫木、紧绳器等。（ ）

18. 道路运输气体的罐车装卸作业时，应按指定位置停车，发

动机正常工作,实施驻车制动。 ( )

19. 道路运输大型气瓶行车途中,应尽量避免紧急制动,防止气瓶因惯性作用而造成事故。 ( )

20. 易燃液体的蒸气与空气能形成爆炸性混合物,遇明火会发生燃烧爆炸,应注意安全作业。 ( )

21. 道路运输易燃液体的驾驶人员不得随身携带火种,可穿着一般工作服和工作鞋。 ( )

22. 装运易燃液体的罐车行驶时,导除静电装置应接地良好。 ( )

23. 夏季高温季节装运易燃液体时,应按有关部门和当地规定的作业时间进行作业,确保安全。 ( )

24. 扑灭易燃液体着火的最有效方法,是采用泡沫、二氧化碳、干粉灭火剂进行扑救。 ( )

25. 道路运输易燃液体一旦发生撒漏时,最有效的方法是用水稀释处理。 ( )

26. 易挥发出易燃、有害及刺激性气体的危险货物装卸作业现场,应保持良好通风,防止中毒和燃烧爆炸。 ( )

27. 在雨雪天道路运输遇水放出易燃气体的物质,车辆必须配备有效的防水设施,不具备条件的车辆不得运输。 ( )

28. 遇水反应的易燃固体着火时,不得用水灭火,应采用干砂、干粉灭火剂进行扑救。 ( )

29. 对火灾中抢救出来的赤磷要谨慎处理,因为赤磷在高温下会转化为黄磷,变成易于自燃物质。 ( )

30. 遇水放出易燃气体的危险货物着火时,应用干砂、干粉灭火剂进行灭火。 ( )

31. 遇水反应产生易燃或有毒气体的危险货物着火时,可使用泡沫灭火剂扑救。 ( )

32. 扑救遇水反应产生剧毒、腐蚀性气体的危险货物火灾时,应穿戴防护用品和自给式呼吸器。 ( )

33. 有机过氧化物、金属过氧化物着火时，可用水进行扑救。（　）

34. 装卸氧化剂过程中，若发生撒漏，应轻轻扫起撒漏物，重新包装，可以同车发运。（　）

35. 装运毒性物质时，必须携带劳动防护用品及防散失、防雨等工、属具。（　）

36. 道路运输有机毒性危险货物应避开高温、明火场所。（　）

37. 大部分毒性物质着火时，能产生有毒和刺激性气体及烟雾。扑救时，应尽可能站在上风处，并戴好防毒面具。（　）

38. 对毒性物质的撒漏物不能任意处理，以免扩大污染甚至造成不可估量的危害。（　）

39. 撒漏的液体毒性物质，应用砂土、锯末等松软物浸润、吸附收集后，盛入容器中，可将其交付运输管理部门处理。（　）

40. 放射性货物可以同其他危险货物同车装运。（　）

41. 酒精能缓解毒性物质引起的人体病态症状，所以饮酒可作为抢救毒性物质中毒的措施。（　）

42. 道路运输腐蚀性物质前，应认真检查货物包装和容器封口情况，严禁运输无外包装的腐蚀性物质。（　）

43. 装运有易碎容器包装的腐蚀性物质时，驾驶人员要平稳驾驶，密切注意路面情况，对条件差的路段应缓慢通过。（　）

44. 道路运输腐蚀性物质途中，应每隔一定时间停车检查车上货物情况，发现包装破漏要及时处理，防止酿成重大事故。（　）

45. 液体腐蚀性物质撒漏时，应用干砂、干土覆盖吸收，打扫干净后，再用水洗刷污染处。（　）

第二篇　押运人员从业资格考试题库
(共500题)

一、危险货物运输的相关法规常识(130题,其中选择题70题、判断题60题)

(一)选择题(70题)

1. 国务院第344号令《危险化学品安全管理条例》自(　　)起施行。

A. 1988年8月1日　　B. 2005年8月1日

C. 2002年3月15日

2. 施行国务院第344号令《危险化学品安全管理条例》的目的是:为了加强对(　　)的安全管理,保障人民生命、财产安全,保护环境。

A. 普通货物　　B. 危险物　　C. 危险化学品

3. 在中华人民共和国境内生产、经营、储存、(　　)、使用危险化学品和处置废弃危险化学品,必须遵守国务院第344号令《危险化学品安全管理条例》。

A. 购买　　B. 加工　　C. 运输

4. 国务院第344号令《危险化学品安全管理条例》所称的危险化学品是指《危险货物品名表》(GB 12268—2005)9类之中的(　　)类。

A. 9　　B. 7　　C. 8

5. 道路运输危险化学品单位的(　　),应对本单位危险化学品运输安全全面负责。

A. 主要负责人　　B. 工会主席　　C. 安全负责人

6. 国务院规定,由(　　)负责危险化学品安全监督管理综合

工作，负责危险化学品经营许可证的发放，负责国内危险化学品的登记，负责危险化学品事故应急救援的组织和协调。

A. 公安部　　　　B. 国家安全生产监督管理总局

C. 交通部

7. 国务院第344号令《危险化学品安全管理条例》规定，有关部门派出的工作人员依法进行监督检查时，应当(　　)。

A. 事先通知　　B. 出示通知书　　C. 出示证件

8. 危险化学品生产企业销售其生产的危险化学品时，应当提供与危险化学品完全一致的化学品(　　)，并在包装上加贴或者拴挂与包装内危险化学品完全一致的化学品安全标签。

A. 产品使用说明书　　B. 专利说明书

C. 安全技术说明书

9. 国家对危险化学品的运输实行(　　)制度。

A. 自由运输　　B. 资质认定　　C. 自主运输

10. 道路危险化学品运输企业必须具备的条件由(　　)规定。

A. 公安部　　　　B. 国务院交通部门

C. 国家安全生产监督管理总局

11. 国务院第344号令《危险化学品安全管理条例》规定，(　　)应当对危险化学品的包装物、容器的产品质量进行定期的或者不定期的检查。

A. 质检部门　　B. 交通部门　　C. 经贸部门

12. 驾驶人员、押运人员、装卸管理人员必须掌握危险化学品运输的安全知识，并经所在地设区的市级人民政府(　　)考核合格，取得从业资格证，方可上岗作业。

A. 交通部门　　B. 质检部门　　C. 经贸部门

13. 通过公路运输剧毒化学品的，托运人应当向目的地的县级人民政府公安部门申请办理(　　)。

A. 交通运输许可证

B. 剧毒化学品公路运输通行证

C. 道路占用证

14. 国务院(　　)制定了剧毒化学品公路运输通行证的式样和具体申领办法。

A. 交通部门　B. 安全监管部门　C. 公安部门

15. (　　)和未列入《危险货物品名表》(GB 12268—2005)的其他危险化学品，由国家安全生产监督管理总局会同国务院公安、环境保护、卫生、质检、交通部门确定并公布。

A. 剧毒化学品目录　B. 危险货物品名表

C. 危险废物品名表

16. 危险化学品运输车辆禁止通行区域，由设区的市级人民政府(　　)划定，并设置明显的标志。

A. 交通部门　B. 公安部门　C. 质检部门

17. 国家实行(　　)登记制度，并提供安全管理、事故预防和应急救援技术、信息支持。

A. 危险化学品　B. 普通货物　C. 一般货物

18. 危险货物托运人应当委托具有道路危险货物运输资质的企业承运，严格按照国家有关规定包装，并向(　　)说明危险货物的品名、数量、危害、应急措施等情况。

A. 承运人　B. 货主　C. 托运人

19. 危险化学品(　　)必须为危险化学品事故应急救援提供技术指导和必要的协助。

A. 生产企业　B. 经营企业　C. 使用单位

20. 驾驶道路危险货物运输车辆时，驾驶人员在 24 小时内实际驾驶车辆时间累计不得超过(　　)小时。

A. 10　B. 8　C. 12

21. 国务院第 344 号令《危险化学品安全管理条例》规定，未取得道路危险货物运输企业资质，擅自从事危险化学品公路运输的企业，由(　　)依据职责对其进行处罚。

A. 公安部门　B. 交通部门　C. 质检部门

22. 国务院第 344 号令《危险化学品安全管理条例》规定，未取得危险货物运输(　　),擅自从事危险化学品公路运输的企业,由交通部门依据职责对其进行处罚。

A. 企业资质　　B. 生产许可证　　C. 经营许可证

23. 道路危险货物运输过程中,不配备(　　)的,由公安部门处 2 万元以上 10 万元以下的罚款。

A. 装卸人员　　B. 押运人员　　C. 管理人员

24. 道路危险货物运输过程中,不配备押运人员,由(　　)处 2 万元以上 10 万元以下的罚款。

A. 交通部门　　B. 质检部门　　C. 公安部门

25. 从事危险化学品公路运输的驾驶人员、押运人员、装卸管理人员未经考核合格,取得(　　)的,由交通部门处 2 万元以上 10 万元以下的罚款。

A. 生产许可证　　B. 营业执照　　C. 从业资格证

26. 从事危险化学品公路运输的驾驶人员、押运人员、装卸管理人员未经考核合格,取得从业资格证的,由(　　)处 2 万元以上 10 万元以下的罚款。

A. 公安部门　　B. 质检部门　　C. 交通部门

27. 托运人托运剧毒危险化学品,未向(　　)申请领取剧毒化学品公路运输通行证,擅自通过公路运输剧毒化学品的,处 2 万元以上 10 万元以下的罚款。

A. 公安部门　　B. 质检部门　　C. 交通部门

28. 道路危险货物运输,中途停车住宿或者遇有无法正常运输的情况,不向当地(　　)报告的,处 2 万元以上 10 万元以下的罚款。

A. 公安部门　　B. 质检部门　　C. 交通部门

29. 道路危险货物运输过程中,脱离(　　)监管的,由公安部门处 2 万元以上 10 万元以下的罚款。

A. 装卸人员　　B. 押运人员　　C. 管理人员

30. 道路危险货物运输单位发生危险货物运输事故造成人员伤亡、财产损失的,应当依法承担(　　)责任。

A. 保护　　B. 个人　　C. 赔偿

31. 国务院规定,由(　　)负责危险化学品的公共安全管理,负责发放剧毒化学品购买凭证和准购证,负责审查核发剧毒化学品公路运输通行证,对危险化学品道路运输安全实施监督。

A. 公安部门　　B. 质检部门　　C. 交通部门

32. 国务院规定,由(　　)负责发放危险化学品及其包装物、容器的生产许可证,负责对危险化学品包装物、容器的产品质量实施监督。

A. 公安部门　　B. 质检部门　　C. 交通部门

33. 国务院规定,由(　　)负责危险化学品公路运输单位及其运输工具的安全管理,负责危险化学品公路运输单位、驾驶人员、装卸人员和押运人员的资质认定。

A. 公安部　　B. 质检部门　　C. 交通部门

34. 危险货物运输车辆不得进入禁止通行区域。确需进入禁止通行区域的,应当事先向当地(　　)报告,由其指定行车时间和路线。

A. 交通部门　　B. 公安部门

C. 国家安全生产监督管理总局

35. 剧毒化学品在公路运输途中发生被盗、丢失、流散、泄漏等情况时,承运人及押运人员必须立即向当地(　　)报告,并采取一切可能的警示措施。

A. 质检部门　　B. 交通部门　　C. 公安部门

36.《危险货物品名表》(GB 12268—2005)适用于危险货物(　　)、生产、储存、经营、使用和处置。

A. 买卖　　B. 包装　　C. 运输

37. 道路危险货物运输专用车辆的技术性能应符合国家标准(　　)的要求。

A.《道路车辆外廓尺寸、轴荷和质量限值》(GB 1589)

B.《营运车辆综合性能要求和检验方法》(GB 18565)

C.《营运车辆技术等级划分和评定要求》(JT/T 198)

38. 道路危险货物运输专用车辆的技术等级应符合行业标准( )规定的一级技术等级。

A.《道路车辆外廓尺寸、轴荷和质量限值》(GB 1589)

B.《营运车辆综合性能要求和检验方法》(GB 18565)

C.《营运车辆技术等级划分和评定要求》(JT/T 198)

39. 道路运输、装卸危险化学品,不符合国家有关法律、法规、规章和国家标准,并未按照危险化学品的特性采取必要安全防护措施的,由( )处2万元以上10万元以下的罚款。

A. 安全监督部门 B. 交通部门 C. 工商部门

40. 托运人在托运的普通货物中夹带危险货物或者将危险货物匿报、谎报为普通货物托运的,由( )处2万元以上10万元以下的罚款。

A. 安全监督部门 B. 公安部门 C. 工商部门

41. 道路危险货物运输罐车的罐体应经( )检测合格,并在罐体检验合格的有效期内承运危险货物。

A. 交通部门 B. 安监部门 C. 质检部门

42.《危险货物品名表》(GB 12268—2005)是危险货物运输作业的重要依据,具有确定危险货物的类别、项别和( )的作用。

A. 范围 B. 责任 C. 名称

43. 道路危险货物运输企业的( )不需要取得道路危险货物运输从业人员从业资格证。

A. 押运人员 B. 驾驶人员 C. 财务人员

44. 符合道路危险货物运输资质条件的是( )。

A. 专用车辆5辆以上 B. 专用车辆5辆以下

C. 专职驾驶人员不得少于20人

45. 符合道路危险货物运输资质条件的是( )。

A. 车辆技术等级达到二级

B. 车辆技术等级达到一级

C. 专用车辆5辆以下

46. 符合道路危险货物运输资质条件的是( )。

A. 车辆技术等级达到二级 B. 专用车辆5辆以下

C. 配备有效的通讯工具

47. 道路危险货物运输的罐车,其罐体必须(　　)时间进行一次检测。

A. 一年　　B. 半年　　C. 一季度

48. 道路危险货物运输从业人员安全培训的内容包括(　　)。

A. 危险货物的性质B. 销售知识　　C. 生产知识

49. 道路危险货物运输从业人员安全培训的内容包括(　　)。

A. 销售知识　　B. 危险货物危害特性

C. 包装容器设计

50. 道路危险货物运输驾驶人员应该掌握的业务知识包括(　　)。

A. 危险货物生产方式　　B. 危险货物买卖

C. 运输事故应急措施

51. "危险货物"的定义是指(　　)。

A. 具有爆炸、易燃、毒害、腐蚀、放射性等特性,在运输、装卸和储存过程中,容易造成人身伤亡、财产毁损和环境污染而需要特别防护的货物

B. 价值极其昂贵需要特别防护的货物

C. 包装精美需要特别防护的货物

52. 在《危险货物分类和品名编号》(GB 6944—2005)中,第2类危险货物(气体)按化学性质分为3项,分别是(　　)。

A. 易燃气体、非易燃无毒气体和毒性气体

B. 氧气、氮气和氨气

C. 氧化性气体、非氧化性气体、惰性气体

53. 道路危险货物运输车辆应当按照国家标准(　　)的要求悬挂标志。

A.《危险货物品名表》(GB 12268)

B.《包装储运图示标志》(GB 191)

C.《道路危险货物运输车辆标志》(GB 13392)

54. 在“道路运输危险货物安全卡”上,应包括危险货物的(　　)。

A. 中英文名称　　B. 沸点　　C. 凝点

55. 在“道路运输危险货物安全卡”上,应包括危险货物的(　　)。

A. 沸点　　B. 联合国编号　　C. 凝点

56. 在“道路运输危险货物安全卡”上,应包括危险货物的(　　)。

A. 凝点　　B. 沸点　　C. 灭火方法

57. 办理道路危险货物托运时,承运人应注意危险货物品名、规格、件重、件数、起运日期,还要注意收、发货人详细地址和(　　)等。

A. 生产厂家　　B. 包装方法　　C. 危险特性

58. 道路运输毒性物质时,驾驶人员和押运人员需要特别关注的是(　　)。

A. 运价　　B. 毒性物质是否丢失、破损

C. 沿途各地公安局电话号码

59. 道路运输腐蚀性物质时,首先应考虑的安全问题是(　　)。

A. 防止泄漏　　B. 防止燃烧

C. 防止与空气接触

60. 道路危险货物运输押运人员,(　　)的安全监督、检查工作。

A. 仅负责装载过程

B. 应负责从任务领取至装载、运输、卸载整个过程

C. 仅负责卸载过程

61. 依据《道路危险货物运输管理规定》,道路危险货物运输不按照规定携带(　　)的,由县级以上道路运输管理机构责令改正,处警告或者 20 元以上 200 元以下的罚款。

A. 驾驶证　　B. 道路运输证　　C. 身份证

62. 依据《道路危险货物运输管理规定》,擅自改装已取得危

险货物《道路运输证》的(　　),由县级以上道路运输管理机构责令改正,并处5 000 元以上2 万元以下的罚款。

A. 专用车辆及罐式专用车辆罐体

B. 驾驶室仪表　　C. 危险品标志

63. 不得使用运输毒性物质的道路危险货物专用车辆运输(　　)。

A. 强毒性货物　　B. 普通货物　　C. 弱毒性货物

64. 危险货物运达卸货地点后,因故不能及时卸货的,且托运人不能及时妥善处理,承运人应当立即报告当地(　　)部门。

A. 交通　　B. 安监　　C. 公安

65. 危险货物安全技术说明书和安全标签,是承运人制作(　　)的依据。

A. 托运证明文件　　B. 包装检查证明书

C. 道路运输危险货物安全卡

66. 根据《危险货物分类和品名编号》(GB 6944—2005),危险货物分为(　　)类。

A. 8　　B. 9　　C. 7

67. 雷雨天气装运危险货物时,应确认(　　)。

A. 货物数量　　B. 避雷电、防潮湿措施有效

C. 防滑措施是否有效

68. 道路危险货物运输过程中,应每隔(　　)小时检查一次。

A. 3　　B. 2　　C. 1

69. 危险货物的分类、分项、品名和品名编号应当按照国家标准《危险货物分类和品名编号》(GB 6944—2005)和(　　)执行。

A.《危险货物品名表》(GB 12268—2005)

B. 道路危险货物运输管理规定

C. 中华人民共和国安全生产法

70. 道路危险货物运输从业人员(　　)转让、出租道路危险货物运输许可证件。

A. 不可以　　B. 可以　　C. 不受限制

(二)判断题(60 题)

1. 国务院第 344 号令《危险化学品安全管理条例》只适用于危险化学品的生产管理。 ( )

2. 道路危险货物运输押运人员的年龄不得超过 50 岁。 ( )

3. 承运人在受理道路剧毒化学品运输业务后,要向承运人所在地公安部门申请准运证。 ( )

4. 道路危险货物运输企业或者单位应当对从业人员进行经常性的安全、职业道德教育和业务知识、操作规程培训。( )

5. 在我国现阶段,只要有车、有人、有货就可以从事道路危险货物运输。 ( )

6. 道路危险货物运输专用车辆应当根据所运危险货物的性质,配备必需的应急处理器材和安全防护设施。 ( )

7. 道路运输剧毒、爆炸、易燃、放射性危险货物的,应当具备罐式车辆或厢式车辆、专用容器,车辆应当安装行驶记录仪或定位系统。 ( )

8. 罐式专用车辆的罐体应当经质量检验部门检验合格,并在其有效期内承运危险货物。 ( )

9. 道路运输未列入《危险货物品名表》(GB 12268—2005)的危险货物,托运人应出具《危险货物鉴定表》。 ( )

10. 道路危险货物运输应由具备道路危险货物运输资质的企业承运。 ( )

11. 在托运危险货物时,托运人必须向承运人提供该危险货物的安全技术说明书。 ( )

12. 道路运输液体危险货物时,无论使用何种材质的容器,只要能确保不破损即可。 ( )

13. 驾驶人员在出车前若发现制动或转向不灵、喇叭不响或灯光不全、证件不全等现象,应拒绝出车。 ( )

14. 道路危险货物运输的驾驶人员、装卸人员和押运人员必须了解所运载的危险化学品的性质、危害特性、包装容器的使用

特性和发生意外时的应急措施。（ ）

15. 所有道路危险货物运输的从业人员均应具备高中以上学历。（ ）

16. 道路危险货物运输从业人员必须熟悉有关安全生产的法规、技术标准和安全生产规章制度、安全操作规程。（ ）

17. 根据有关法律法规,道路危险货物从业人员专业知识要依靠员工自己学习和提高,企业没有责任和义务为员工提供任何培训。（ ）

18. 在个别情况下,普通货物运输车辆可以承运一次性或临时性的道路危险货物运输。（ ）

19.《道路危险货物运输管理规定》要求,禁止使用移动罐体(罐式集装箱除外)从事道路危险货物运输。（ ）

20. 道路危险货物运输,是指使用专用车辆,通过道路运输危险货物的作业全过程。（ ）

21. 道路危险货物运输车辆,是指从事道路危险货物运输的载货汽车。（ ）

22. 道路危险货物运输专用车辆,应到具备道路危险货物运输车辆维修条件的企业进行维修。（ ）

23. 道路危险货物运输从业人员,应当严格按照道路运输管理机构决定的许可事项从事道路危险货物运输活动。（ ）

24. 道路危险货物运输车辆在运输过程中,应随车携带《道路运输危险货物安全卡》。（ ）

25. 道路危险货物运输罐式集装箱,应使用集装箱运输专用车辆。（ ）

26.《危险货物品名表》(GB 12268—2005)中的编号采用4位的联合国编号(UN),备注中的编号采用5位的中国编号(CN)。（ ）

27. 杂项危险物质和物品是指具有其他类别未包括的危险的物质和物品,如高温物质。（ ）

28.《危险货物品名表》(GB 12268—2005)中未列出的货物,

均可按普通货物运输。 ( )

29.《危险货物品名表》(GB 12268—2005)中所列的货物,均必须按危险货物进行运输。 ( )

30.道路危险货物运输车辆一旦发生事故,即有可能会引起泄漏、污染、爆炸等危及公共安全的事件,因此从事危险货物运输的驾驶人员更应该有社会责任感。 ( )

31.托运凭证运输的危险货物,托运人可以不提交相关证明文件。 ( )

32.由托运人负责鉴定货物的性质,当托运危险货物时,应委托具有道路危险货物运输资质的单位承运。 ( )

33.第9类杂项危险物质和物品是针对民用航空运输的,若采用汽车运输则不认为其是危险货物。 ( )

34.危险货物在运达目的地后,收货人因故拒收货物,导致危险货物无法及时卸货,若发生任何事故,驾驶人员和押运人员均不需承担责任。 ( )

35.制订“道路危险货物运输事故应急预案”的目的是为了训练驾驶人员和押运人员的基本技能。 ( )

36.危险货物以列入《危险货物品名表》(GB 12268—2005)为准,未列入的按国家有关规定执行。 ( )

37.《中华人民共和国安全生产法》规定生产经营单位运输危险物品,必须执行有关法律、法规和国家标准或者行业标准。 ( )

38.从事爆炸品、剧毒性物质运输的驾驶人员、押运人员、装卸管理人员要有公安部门的政审材料。 ( )

39.《中华人民共和国安全生产法》规定机动车载运爆炸物品、易燃易爆化学物品以及剧毒、放射性等危险物品,应当经公安机关批准后,按指定的时间、路线、速度行驶,悬挂警示标志并采取必要的安全措施。 ( )

40.2004年7月1日起实施的《中华人民共和国道路运输条例》,是我国第一部有关道路运输方面的管理条例。 ( )

41. 道路危险货物运输从业人员运输、装卸危险货物集装箱时,应查验危险货物装箱清单。 (　)

42. 道路危险货物运输从业人员有权拒绝运输、装卸已有水渍、雨淋痕迹的遇水放出易燃气体的物质。 (　)

43. 道路危险货物运输从业人员无权拒绝运输、装卸不符合国家有关危险货物运输规定的危险货物。 (　)

44. 严禁超范围运输危险货物,严禁超载、超限。 (　)

45. 道路危险货物运输从业人员应随车携带从业资格证。 (　)

46. 道路运输不同性质的危险货物,应按《汽车运输危险货物规则》(JT 617)中的"危险货物配装表"进行配装。 (　)

47. 医疗废物,是指医疗卫生机构在医疗、预防、保健以及其他相关活动中产生的具有直接或者间接感染性、毒性以及其他危害性的废物。 (　)

48. 医疗废物集中处置单位运送医疗废物,应当遵守国家有关危险货物运输管理的规定,使用有明显医疗废物标识的专用车辆。 (　)

49. 医疗废物专用车辆应达到防渗漏、防遗撒以及其他环境保护和卫生要求。 (　)

50. 运送医疗废物的专用车辆不得运送其他物品。 (　)

51. 道路运输危险废物,必须采取防止污染环境的措施,并遵守国家有关危险货物运输管理的规定。 (　)

52. 禁止将危险废物与旅客在同一辆运输工具上载运。 (　)

53. 危险废物是指列入国家危险废物名录或者根据国家规定的危险废物鉴别标准和鉴别方法认定的具有危险特性的废物。 (　)

54. 从事道路危险货物运输应当保障安全,依法运输,诚实信用。 (　)

55. 危险货物可以与普通货物适当混装运输。 (　)

56. 道路危险货物运输从业人员应严格按照《汽车运输危险货物规则》(JT 617)、《汽车运输、装卸危险货物作业规程》(JT 618)操作,不得违章作业。 ( )

57. 道路危险货物运输的驾驶人员一次连续驾驶超过6小时,应休息20分钟以上。 ( )

58. 道路危险货物运输车辆可以超越《道路运输证》的许可范围(危险货物的类别、项别)进行运输。 ( )

59. 道路危险货物运输过程中,驾驶人员可以根据自己意愿改变运输计划。 ( )

60. 道路危险货物运输押运人员只要工作认真,无须了解危险货物有关知识。 ( )

二、常见危险货物的分类和相关特性(85题,其中选择题45题、判断题40题)

(一)选择题(45题)

1. 氯气泄漏在空气中会( )沿地面扩散,使地面人员受害。

A. 沉在下部　　B. 浮在上方

C. 沉在下部或浮在上方

2. 当炸药中混入惰性物质(如石蜡、硬脂酸、机油等)时,则其撞击感度降低,危险性也( )。

A. 降低　　B. 升高　　C. 不变

3. 储、运气瓶应( ),防止日晒,注意通风散热。

A. 防潮　　B. 远离火源　　C. 控制湿度

4. 气体的临界温度( ),危险性越大。

A. 越低　　B. 越高　　C. 越不确定

5. 乙炔钢瓶经火烤以后( )。

A. 可以继续使用　　B. 不能再使用　　C. 冷却后再用

6. 氧几乎能与所有的元素化合。油脂在纯氧中的反应要比在空气中剧烈得多,所以氧气瓶(包括空瓶)( )。

A. 可以与油脂配装

B. 允许操作人员穿戴沾有油污的工作服和手套

C. 绝对禁油

7. 氢气不能与任何(　　)混储、混运,尤其是不能与氧气、氯气混储、混运。

A. 固体　　B. 氧化剂　　C. 液体

8. 氯气是一种(　　),有强烈的刺激气味。

A. 黄绿色的剧毒气体　　B. 红色的气体

C. 绿色的气体

9. 氯气溶于水,常温下1体积水可溶解2.5体积的氯气。氯气瓶漏气时,(　　)或迅速将其推入水池,或用潮湿的毛巾捂住口鼻,以减轻危害。

A. 用砂土掩埋

B. 救援人员任何时候都不用带防毒面具

C. 可大量浇水

10. 氨极易溶于水,有强烈的刺激性气味,能使人窒息死亡,属于有毒气体;氨能与氯气发生剧烈的反应。所以液氯和液氨不能在同一车厢配装,(　　)在同一库房内混储。

A. 可以　　B. 不能

C. 一般情况下可以

11 液氯和液氨(　　)在同一车厢配装,不能在同一库房内混储。

A. 不能　　B. 可以

C. 大多情况下可以

12. 天然气(含甲烷,液化的),别名液化天然气,天然气(　　)。

A. 有腐蚀性　　B. 极易燃　　C. 不易燃烧

13. 闪点表示易燃液体的易燃程度。液体的闪点越低,易燃性越大,危险性(　　)。

A. 越小　　B. 不变　　C. 越大

14. 液体的沸点越低,越易汽化,越易与空气形成爆炸性混合物,其危险性(　　)。

A. 越小　　B. 越大　　C. 不变

15. 易燃液体的温度升高,挥发量增加,易燃易爆性(　　)。

A. 增大　　B. 减小　　C. 不变

16. 液体物质的受热膨胀系数较大,加上易燃液体具有易挥发性,装满易燃液体的容器受热后蒸气压增大,往往会造成容器胀裂而引起液体外溢。因此,易燃液体灌装时容器内应(　　)。

A. 留有足够的膨胀余位　　B. 一次性灌满

C. 没有液体外溢即可

17. 汽车罐车运输在灌装时,灌装流速过快极易积聚静电,一旦发生静电放电,就可能引起可燃性蒸气的燃烧爆炸,后果严重。因此装运易燃液体的罐车(　　)。

A. 配不配备导除静电的装置都行

B. 必须配备导除静电的装置

C. 不必配备导除静电的装置

18. 易燃液体的蒸气浓度越大,毒性(　　)。

A. 越小　　B. 不变　　C. 越大

19. 苯是无色透明液体,易挥发,具有芳香气味;易溶于有机溶剂,不溶于水,故(　　)用水扑救苯引起的火灾。

A. 不能　　B. 能　　C. 完全可以

20. 易燃液体的蒸气与空气的混合物可被点燃产生瞬间闪光的最低温度称为(　　)。

A. 闪点　　B. 着火点　　C. 起爆点

21. 易燃固体同时具备 3 个条件:燃点低;燃烧迅速;放出有毒烟雾或有毒气体。易燃固体燃点越低,其发生燃烧的可能性和危险性(　　)。

A. 恒定不变　　B. 越小　　C. 越大

22. 易燃固体需明火点燃;易于自燃物质(　　)受热和明火,会自行燃烧;遇水放出易燃气体的物质遇水(包括受湿、酸类和氧化剂)会引起剧烈化学反应,放出可燃性气体和热量。

A. 需要　　B. 不需要　　C. 有时需要

23. 物质在发生自燃时所需要的最低温度,叫做自燃点。自燃点越低,其发生燃烧的可能性和危险性(　　)。

A. 越大　　B. 越小　　C. 恒定不变

24. 遇水放出易燃气体的物质在常温或高温下受潮或与水剧烈反应,且反应速度快;遇酸和氧化剂也能发生反应.而且比与水的反应更为剧烈,因此危险性也(　　)。

A. 更大　　B. 更小　　C. 更弱

25. 赤磷着火点比黄磷高得多,易燃(　　)。

A. 且易自燃　　B. 且遇湿自燃　　C. 但不易自燃

26. 黄磷(又称白磷)性质极活泼,暴露在空气中即被氧化,自燃点低,只需一、二分钟即自燃。所以,黄磷必须(　　),若包装破损出现渗漏,导致黄磷露出液面,就会自燃。

A. 浸没在水中　　B. 浸没在汽油中　　C. 浸没在丙酮中

27. 电石(学名碳化钙)为灰色的不规则的块状物,有强烈的吸湿性,能从空气中吸收水分而发生反应,放出(　　)易燃气体。

A. 甲烷　　B. 乙烷　　C. 乙炔

28. 有机过氧化物很不稳定,容易分解,分解时的生成物为(　　),容易引起爆炸。

A. 易燃气体　　B. 气体　　C. 易燃液体

29. 有机过氧化物(如过氧化甲乙酮)比无机氧化剂(如高锰酸钾)更(　　)分解;分解的产物几乎都是气体或易挥发的物质,再加上易燃性和自身氧化性,分解时易发生爆炸。

A. 容易　　B. 难　　C. 不容易

30. 同属氧化性物质的物品,由于氧化性的强弱不同,相互混合后(　　)引起燃烧。

A. 不能　　B. 不一定　　C. 能

31. 硝酸钾,又称火硝。无色透明晶体或粉末,溶于水。遇热分解放出氧气,当硝酸钾与易燃物质混合后,受热甚至轻微的摩擦冲击也会(　　)。

A. 很安全　　B. 迅速地燃烧或爆炸

C. 很难燃烧

32. 含氰基的化合物叫氰化物,大多数氰化物属(　　)物质。

A. 剧毒　　B. 无毒　　C. 有害

33. 浓硫酸溶于水时,能释放出大量热量。因此,稀释浓硫酸时须十分小心,应该(　　)。

A. 把水缓缓加入浓硫酸中　　B. 把浓硫酸缓缓加入水中

C. 把浓硫酸迅速倒入水中

34. 腐蚀性物质本身的化学性质决定了自身各种不同的性质。腐蚀性物质(　　)混储配载。

A. 可以　　B. 可以大量地　　C. 不可以

35. 酸与碱不可以混装,氧化剂与还原剂(　　)进行配载。

A. 可以　　B. 不可以

C. 一般情况下可以

36. 毒性物质的颗粒(　　),越易引起中毒。

A. 越小　　B. 越大　　C. 越软

37. 毒性物质沸点(　　),越易引起中毒。

A. 越高　　B. 越低　　C. 越不确定

38. 气温(　　),毒性物质的挥发性越大,同时还会增加毒性物质的溶解度和加剧人体呼吸的次数,从而增加毒害品进入人体的可能性。

A. 越低　　B. 越高　　C. 越不确定

39. 动物致死所需某毒性物质的摄入量(或浓度)越小,则表示该毒性物质的毒性(　　)。

A. 越大　　B. 越小　　C. 无法确定

40. 有机毒性物质遇明火、高热或与氧化性物质接触会(　　),燃烧时会放出有毒气体,加剧毒性物质的危险性。

A. 很稳定　　B. 燃烧爆炸　　C. 很安全

41. 感染性物质(第6.2项)是指(　　),包括生物制品、诊断样品、基因突变的微生物、生物体和其他媒体,如病毒蛋白等。

A. 含有病原体的物质　　B. 不含有病原体的物质

C. 特殊情况下含有病原体的物质

42. 感染性物质的运输过程(　　),应注意安全防护。

A. 存在感染性　　B. 不存在感染性

C. 大多不存在感染性

43. 遇水反应的腐蚀性物质(如三氧化硫)都能与空气中的水汽发生剧烈反应,并同时放出大量热量。当满载这些物品的容器遇水后,则可能因漏进水滴而猛烈反应,使容器炸裂。所以尽管没有给这些物品贴上"遇潮时危险"的副标志,其防水要求也应和遇水放出易燃气体的物质(第4.3项)(　　)。

A. 有区别　　B. 不同　　C. 相同

44. 某类危险货物除具有主要特性外,还具有一些次要特性,也称为副特性,即次要危险性。危险货物的副特性(　　)酿成大事故。

A. 也会　　B. 不会　　C. 绝对不会

45. 能放射射线的物质称为放射性物质。放射性物质所放出的射线对人体(　　)。

A. 危害较小

B. 产生极大的危害,可致病、致畸、致癌,甚至可致死

C. 没有危害

(二)判断题(40题)

1. 民用爆炸品、放射性物品、核能物质和城镇燃气的安全管理,适用国务院第344号令《危险化学品安全管理条例》。(　　)

2. 民用爆炸物品的生产、销售、购买、进出口、运输、爆炸作业和储存及硝酸铵的销售、购买,适用国务院第446号令《民用爆炸品安全管理条例》。(　　)

3. 烟花爆竹的生产、经营、运输和燃放,适用国务院第455号令《烟花爆竹安全管理条例》。(　　)

4. 麻醉药品和精神药品的实验研究、生产、经营、使用、储存、运输等活动以及监督管理,适用国务院令第442号《麻醉药品和精神药品管理条例》。(　　)

5. 国务院令第445号《易制毒化学品管理条例》规定，国家对易制毒化学品的生产、经营、购买、运输和进口、出口实行分类管理和许可制度。 （ ）

6. 物质总是以一定的形态而存在的，主要有固态、气态和液态3种形态。 （ ）

7. 一般地，气体的相对密度是以空气为标准的。相对密度大于1的气体会沉在下部地表面。 （ ）

8. 一般地，液体的相对密度是以水为标准的。相对密度小于1的液体会浮在水面上，如汽油。 （ ）

9. 当液体受热而迅速挥发时，如果液面附近的蒸气浓度正好达到其爆炸下限浓度，此时的温度就是闪点。闪点越低危险性越大。 （ ）

10. 在一个大气压下，液体沸腾转化为气体时的温度称为沸点，运输温度不得高于危险货物的沸点。 （ ）

11. 某类危险货物只具有本类危险货物的主要特性。例如，腐蚀性物质只具有腐蚀特性。 （ ）

12. 在物质变化过程中，仅是物质的外形或状态发生了变化，称作化学变化。 （ ）

13. 在物质变化过程中，生成新物质的变化，称作物理变化。 （ ）

14. 列入危险货物的氧化物（如三氧化硫）除气体外，大部分都会与水发生反应生成碱或酸或释放出氧。所以，在运输过程中必须注意防水。 （ ）

15. 大多数有机物不溶于水，故用水来扑灭有机物燃烧的火焰通常无效，而应该用二氧化碳、泡沫或卤剂来扑救。 （ ）

16. 危险货物是指具有爆炸、易燃、毒害、感染、腐蚀、放射性等危险性，在运输、储存、生产、经营、使用和处置中，容易造成人身伤亡、财产损毁或环境污染而需要特别防护的物质和物品。 （ ）

17.《危险货物分类和品名编号》（GB 6944—2005）中，按危险

货物具有的危险性或最主要的危险性把危险货物分为9个类别。 ( )

18. 危险货物类别和项别的号码顺序并不是危险程度的顺序。 ( )

19.《危险货物分类和品名编号》(GB 6944—2005)把第1类爆炸品划分为6项。 ( )

20.《危险货物分类和品名编号》(GB 6944—2005)中,根据气体在运输中的主要危险性把第2类气体分为2.1项易燃气体、2.2项非易燃无毒气体、2.3项毒性气体。 ( )

21.《危险货物分类和品名编号》(GB 6944—2005)中,第3类易燃液体不分项。 ( )

22.《危险货物分类和品名编号》(GB 6944—2005)中,第4类易燃固体、易于自燃物质、遇水放出易燃气体的物质分为4.1项易燃固体、4.2项易于自燃物质、4.3项遇水放出易燃气体的物质。 ( )

23.《危险货物分类和品名编号》(GB 6944—2005)中,第5类氧化性物质和有机过氧化物分为5.1项氧化性物质、5.2项有机过氧化物。 ( )

24.《危险货物分类和品名编号》(GB 6944—2005)中,第6类毒性物质和感染性物质分为6.1项毒性物质、6.2项感染性物质。 ( )

25.《危险货物分类和品名编号》(GB 6944—2005)中,第7类放射性物质不分项。 ( )

26.《危险货物分类和品名编号》(GB 6944—2005)中,第8类腐蚀性物质不分项。 ( )

27.《危险货物分类和品名编号》(GB 6944—2005)中,第9类杂项危险物质和物品不分项。 ( )

28. 每一种危险货物对应一个编号,每一个编号只对应一种危险货物。 ( )

29. 每一种危险货物对应一个编号,每一个编号对应一种或一种以上危险货物。 ( )

30. 危险货物按其具有的危险程度划分为三个包装类别:I 类包装——具有高度危险性的物质;II 类包装——具有中等危险性的物质;III 类包装——具有轻度危险性的物质。 ( )

31. 在《危险货物品名表》(GB 12268—2005)中,可查到表示危险货物危险程度的包装类别(I、II、III 类)。 ( )

32.《危险货物品名表》(GB 12268—2005)规定,危险货物品名的"编号"采用联合国编号,即 4 位数编号。 ( )

33. 化学爆炸必须同时具备 3 个因素:(1)反应速度快;(2)释放出大量的热;(3)产生大量气体生成物。 ( )

34. 引起某爆炸品爆炸所需的起爆能量越小,该爆炸品的敏感度越高,危险性也越小。 ( )

35. 气体的爆炸范围越大,则其燃烧的可能性越大。 ( )

36. 临界温度低于常温的气体是压缩气体,临界温度高于常温的气体是液化气体。 ( )

37. 氧化性物质本身不一定可燃,但可以放出氧而引起其他物质的燃烧。 ( )

38. 所有的可燃物都是危险货物。 ( )

39. 如果一种危险货物既有主要危险性,也具有比较重要的次危险性,那么在运输此类物质时,应在包装上分别标有主次两种危险性标志。 ( )

40. 当炸药内混入坚硬物质如玻璃、铁屑、砂石等时,则其撞击感度增加,危险性降低。 ( )

三、危险货物运输包装知识和押运安全知识(90 题,其中包装知识题 50 题、押运安全知识题 40 题)

一)危险货物运输包装知识(50 题,其中选择题 30 题、判断题 20 题)

(一)选择题(30 题)

1. 压缩气体和液化气体,处于较高压力下使用的是( )包装。

A. 玻璃瓶　　B. 耐压钢瓶　　C. 普通铁桶

2. 一般来说,液体货物的包装强度应(　　)。

A. 比固体货物的高　　B. 比固体货物的低

C. 和固体货物的一样

3. 下列需要采取严密包装的货物是(　　)。

A. 油浸的纸、棉、绸、麻等及其制品

B. 液氧　　C. 双氧水

4. 根据包装性能的要求,严密封口可分为气密封口、牢固封口和(　　)3 种。

A. 不透气封口　　B. 固态封口　　C. 液密封口

5. 国家标准(　　)中,有说明货物在装卸、保管、运输、开启时应注意的事项。

A.《危险货物包装标志》(GB 190)

B.《包装储运图示标志》(GB 191)

C.《危险货物运输包装通用技术条件》(GB 12463)

6. 压缩气体和液化气体危险货物的专用包装,其最显著的特点是能承受一定程度的内压力,所以称为(　　)。

A. 安瓿瓶　　B. 压力容器包装　　C. 玻璃瓶

7. 用于盛装危险货物的木桶,一般规定容积不得超过(　　),净重不得超过 50 千克。

A. 40 升　　B. 50 升　　C. 60 升

8. 一般(　　)适用于装腐蚀性液体。

A. 胶合板桶　　B. 铝桶　　C. 铁桶

9. 国际标准的集装箱(20ft、40ft),是以(　　)尺寸来划分规格的。

A. 高度　　B. 宽度　　C. 长度

10. 铁皮箱一般用于盛装(　　)。

A. 腐蚀性的液体　　B. 黏稠状的液体

C. 块状固体或作销售包装的外包装

11. 运输包装标志是在收货、装卸、搬运、储存保管、送达直至交付的运输全过程中(　　)的重要基础。

A. 区别与辨认货物　　B. 辨认货物

C. 交付货物

12. 按照《包装储运图示标志》(GB 191)规定,图示表示(　　)标志。

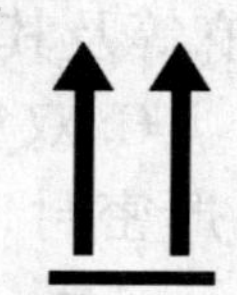

A. 禁止翻滚　　B. 向上　　C. 小心轻放

13. 按照《包装储运图示标志》(GB 191)规定,图示表示(　　)标志。

A. 禁止翻滚　　B. 向上　　C. 易碎物品

14. 按照《包装储运图示标志》(GB 191)规定,图示表示(　　)标志。

A. 禁止手钩　　B. 向上　　C. 小心轻放

15. 按照《包装储运图示标志》(GB 191)规定,图示表示(　　)标志。

A. 禁止翻滚　　B. 怕晒　　C. 小心轻放

16. 按照《包装储运图示标志》(GB 191)规定,图示表示(　　)标志。

A. 怕雨　　　　B. 向上　　　　C. 小心轻放

17. 按照《包装储运图示标志》(GB 191)规定,图示表示(　　)标志。

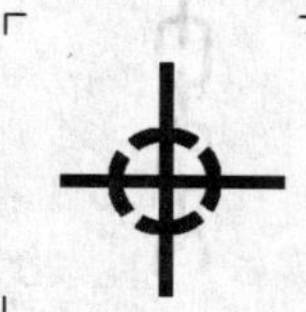

A. 禁止翻滚　　　　B. 向上　　　　C. 重心

18. 按照《包装储运图示标志》(GB 191)规定,图示表示(　　)标志。

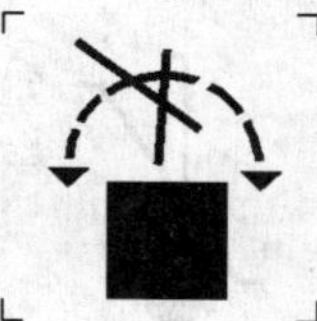

A. 禁止翻滚　　　　B. 向上　　　　C. 小心轻放

19. 按照《包装储运图示标志》(GB 191)规定,图示表示(　　)标志。

A. 禁止翻滚　　　　B. 向上　　　　C. 由此夹起

20. 按照《包装储运图示标志》(GB 191)规定,图示表示

(　　)标志。

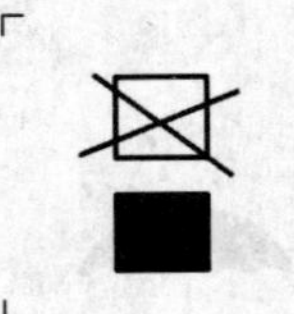

A. 禁止翻滚　　B. 禁止堆码　　C. 小心轻放

21. 按照《包装储运图示标志》(GB 191)规定，图示表示(　　)标志。

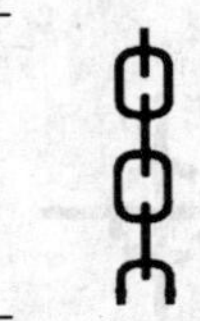

A. 由此吊起　　B. 向上　　C. 小心轻放

22. 按照《包装储运图示标志》(GB 191)规定，图示表示(　　)标志。

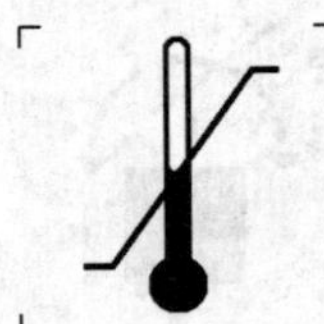

A. 禁止翻滚　　B. 向上　　C. 温度极限

23. 危险化学品标志的使用原则是，当一种危险化学品具有一种以上的危险性时，应用主标志表示主要危险性类别，并用副标志来表示(　　)危险性类别。

A. 重要　　B. 全部　　C. 次要

24. 危险化学品标志的使用原则是，当一种危险化学品具有一种以上的危险性时，应用(　　)表示主要危险性类别，并用副标志来表示次要危险性类别。

A. 标志　　B. 主标志　　C. 指示灯

25. 危险化学品标志的使用原则是，当一种危险化学品具有一种以上的危险性时，应用主标志表示主要危险性类别，并用(　　)来表示次要危险性类别。

A. 标志　　B. 符号　　C. 副标志

26. 危险化学品标志的使用原则是，当一种危险化学品具有一种以上的危险性时，应用主标志表示主要危险性类别，并用副标志来表示(　　)类别。

A. 品名　　B. 次要危险性　　C. 加工

27. 道路危险货物运输车辆标志灯上的文字应为(　　)。

A. 化学品　　B. 危险　　C. 危险物

28. 道路危险货物运输车辆标志牌的材质为金属板材，形状为(　　)。

A. 圆形　　B. 三角形　　C. 菱形

29. 危险货物包装的主要作用是(　　)。

A. 使商品美观大方　　B. 便于销售

C. 防止货物泄漏

30. 包装是安全的保障，对货物进行包装并确保其符合国家安全运输的要求是(　　)的责任。

A. 经销商　　B. 货主　　C. 托运人

(二)判断题(20 题)

1. 道路运输爆炸品、剧毒化学品的车辆，应在车辆两侧面厢板几何中心部位附近的适当位置各增加悬挂一块标志牌。

(　　)

2. 道路危险货物运输车辆标志是道路危险货物运输车辆区别于其他车辆的主要标示，在危险货物运输过程中起到警示及救援参照作用。(　　)

3. 质检部门应当对危险化学品的包装物、容器的产品质量进行定期的或者不定期的检查。(　　)

4.《道路危险货物运输车辆标志》(GB 13392—2005)规定，道

路危险货物运输车辆标志分为标志灯和标志牌两类。（ ）

5.《道路危险货物运输车辆标志》（GB 13392—2005）规定，车辆载质量不同，标志灯大小尺寸也不同。（ ）

6.《道路危险货物运输车辆标志》（GB 13392—2005）规定，车辆载质量不同，标志牌大小尺寸也不同。（ ）

7. 危险货物的衬垫材料应具备缓冲、吸附和缓解作用。（ ）

8. 具有氧化性的货物，可以使用有机材料作为衬垫。（ ）

9.《道路危险货物运输车辆标志》（GB 13392—2005）规定，标志灯按安装方式分为磁吸式、顶檐支撑式、金属托架式 3 种。（ ）

10. 一般来说，危险性大的货物，单件货物重量要小一些。（ ）

11. 道路危险货物运输车辆标志牌按《危险货物分类和品名编号》（GB 6944—2005）规定的危险货物的类、项和车辆载质量分型。（ ）

12. 一种危险货物同时具有两种以上危险性质的，包装上可以只有表明该货物主特性的主标志。（ ）

13. 一个包装件内装有几种不同性质的危险货物时，这些危险货物的包装标志都应在包装件的外表面上标示。（ ）

14. 爆炸品的运输包装必须进行专用包装。（ ）

15. 某种腐蚀品只能用某种材料包装，若某件包装用于一种腐蚀品后，如能重复使用，也只能用于该腐蚀品而不能移作它用。（ ）

16. 国标《危险货物包装标志》（GB 190）把危险货物包装标志分为主标志和副标志两类。（ ）

17.《道路危险货物运输车辆标志》（GB 13392—2005）规定，标志灯应该是荧光的，标志牌应该是反光的。（ ）

18.《包装储运图示标志》（GB 191）中，图示标志名称为“此处不能卡夹”，表明装卸货物时此处不能用夹钳夹持。（ ）

19.《包装储运图示标志》(GB 191)中,图示标志名称为“禁用叉车”,表明不能用升降叉车搬运的包装件。 ( )

20.《包装储运图示标志》(GB 191)中,图示标志名称为“此面禁用手推车”,表明搬运货物时此面禁放手推车。 ( )

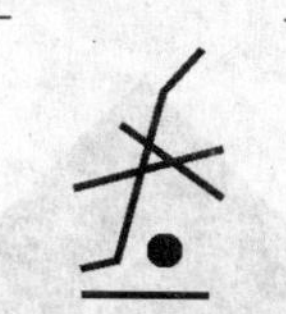

二)危险货物运输押运安全知识(40 题,其中选择题20 题、判断题20 题)

(一)选择题(20 题)

1. 道路危险货物运输押运人员应了解、掌握( )。

A. 车辆维修知识

B. 所运危险货物的性质、危害特性和发生意外的应急措施

C. 车辆驾驶技术

2. 在道路危险货物运输过程中,押运人员的职责是( )。

A. 运输全过程监管危险货物,防止被盗、丢失,确保货物安全

B. 安全驾驶车辆 C. 维修车辆

3. 气瓶应尽量采用直立运输,直立气瓶高出栏板部分不得大

于气瓶高度的(　　)。

A. 1/2　　B. 1/3　　C. 1/4

4. 图示道路危险货物运输车辆标志牌,表示该车辆可以承运(　　)。

(底色:橙红色,图案:黑色)

A. 腐蚀性物质　　B. 爆炸品　　C. 易燃液体

5. 图示道路危险货物运输车辆标志牌,表示该车辆可以承运(　　)。

(底色:红色,图案:黑色)

A. 爆炸品　　B. 第 2.2 项非易燃无毒气体

C. 第 2.1 项易燃气体

6. 图示道路危险货物运输车辆标志牌,表示该车辆可以承运(　　)。

(底色:红色,图案:黑色)

A. 易燃液体　　　　　　　B. 第4.1项易燃固体

C. 第4.2项易于自燃物质

7. 图示道路危险货物运输车辆标志牌,表示该车辆可以承运(　　)。

(底色:白色红条,图案:黑色)

A. 易燃液体　　　　　　　B. 第4.1项易燃固体

C. 第5.1项氧化性物质

8. 图示道路危险货物运输车辆标志牌,表示该车辆可以承运(　　)。

(底色:柠檬黄色,图案:黑色)

A. 第5.1项氧化性物质　B. 第4.1项易燃固体

C. 第2.3项毒性气体

9. 图示道路危险货物运输车辆标志牌,表示该车辆可以承运(　　)。

(底色:白色,图案:黑色)

A. 第5.1项氧化性物质　B. 第6.1项毒性物质

C. 第6.2项感染性物质

10. 图示道路危险货物运输车辆标志牌，表示该车辆可以承运(　　)。

(底色:白色,图案:黑色)

A. 第6.2项感染性物质　B. 第6.1项毒性物质

C. 放射性物质

11. 图示道路危险货物运输车辆标志牌，表示该车辆可以承运(　　)。

(底色:上白下黑色,图案:上黑下白色)

A. 放射性物质　B. 易燃液体

C. 腐蚀性物质

12. 图示道路危险货物运输车辆标志牌，表示该车辆可以承运(　　)。

(底色:白色,图案:黑色)

A. 放射性物质　　B. 易燃液体　　C. 杂类

13. 道路危险货物运输从业人员，在装卸、运输危险货物时(　　)。

A. 可以吸烟　　B. 严禁吸烟　　C. 吸不吸烟都行

14. 道路危险货物运输罐车卸货前，应确认所卸货物与贮罐所标货物名称是否(　　)。

A. 相似　　B. 相符　　C. 不同

15. 在装运氧气等强氧化性气体时，应对车厢进行清理，绝对不能在车厢内存留(　　)。

A. 木板、橡胶　　B. 钢索、铁架

C. 油脂或含有油脂的残留物

16. 装车完毕后车辆起步前，(　　)应对货物的堆码、遮盖、捆扎等安全措施及对影响车辆起动的不安全因素进行检查，确认无不安全因素后，方可起步。

A. 驾驶人员　　B. 押运人员　　C. 装卸管理人员

17. 压力容器罐车在运输途中，应密切注视容器的(　　)工作情况，发现异常，应立即停车，排除故障后，继续运行。

A. 压力表　　B. 转速表　　C. 车速表

18. 驾驶人员、押运人员出车前应检查随车必备的(　　)是否齐全有效。

A. 消防用具　　B. 洗漱用具　　C. 保暖用品

19. 运输途中押运人员应提醒驾驶人员按照规定(　　)，并检查所载货物的状况是否正常。

A. 与家庭联系　　B. 严禁吸烟　　C. 停车休息

20. 道路运输剧毒化学品时，从业人员中途不得(　　)。

A. 进食　　B. 休息　　C. 听音乐

(二) 判断题(20 题)

1. 在道路危险货物运输过程中，短途运输可以不配备押运人员，由驾驶人员同时兼任押运人员。(　　)

2. 押运人员只负责在运输过程中监管危险货物，确保货物处

于安全状态。（　）

3. 押运人员应监督所装危险货物质量在车辆核定载质量范围内，严禁超载。（　）

4. 押运人员完成运输任务回场后，要及时向管理人员报告运输作业过程中的有关客户、安全、质量方面的情况。（　）

5. 道路危险货物装卸过程中，押运人员不应负责监装、监卸、办理货物交接签证手续时点收点交。（　）

6. 道路危险货物运输押运人员必须掌握所运危险货物的消防知识。（　）

7. 道路危险货物运输过程中，押运人员可以坐在车辆的任意位置上，以利于押运观察。（　）

8. 在道路危险货物运输启运前，发现包装破损撒漏的，不管是托运人造成的还是承运人造成的，托运人均应当负责改换或修理包装。（　）

9. 在道路危险货物运输承运期间，承运人对危险货物的安全负全部责任。（　）

10. 道路危险货物运输途中，有人要求搭乘时，在驾驶室有空位的情况下，可予人以方便，捎带一程。（　）

11. 道路运输爆炸品的车辆，出车前应检查车厢内是否有酸、碱、氧化剂等。（　）

12. 道路危险货物运输车辆通过铁路道口时，应按照交通信号或者管理人员的指挥通行。（　）

13. 道路运输容易升华、挥发出易燃、有害或刺激性气体的危险货物时，应保持车厢封闭良好。（　）

14. 使用封闭式货车运输易燃液体时，应将货箱的门和天窗关紧、封闭、并锁好，以防货物丢失。（　）

15. 因铁制容器坚固，可以有效保护货物不受损坏，故所有危险货物均应用其包装。（　）

16. 装运危险货物的集装箱专用车辆，必须配备有效的紧固装置，其紧固装置必须牢固安全、有效。（　）

17. 气瓶直立运输比水平运输更安全、更有效。道路运输气瓶时,应尽量采用直立运输。 ( )

18. 撒漏的易燃固体,收集的残留物不能任意排放、抛弃,而应置于原包装内。 ( )

19. 集装箱装运危险货物,应考虑危险货物化学性质的抵触性、敏感性。在同一箱体内可适当装入性质相抵触的危险货物。 ( )

20. 道路运输易燃易爆危险货物的车辆车厢为铁底板的,应当采取衬垫防护措施,如铺垫木板、胶合板、橡胶板等。 ( )

四、危险货物装卸基本常识(40 题,其中选择题 20 题、判断题 20 题)

(一)选择题(20 题)

1. 车辆在装运易燃易爆危险货物时,应使用( )防护衬垫。

A. 木板或橡胶板　B. 铁板　C. 铜板

2. 盛装过危险货物的空容器,未经清洗、消毒处理的,必须按( )条件办理托运。

A. 原装货物　B. 普通货物

C. 原装货物或普通货物

3. 道路危险货物运输车辆应按装卸作业的有关安全规定驶入装卸作业区,并将车辆停放在( ),不准堵塞安全通道。停靠货垛时,应听从作业区指挥人员的指挥,车辆与货垛之间留有安全距离。

A. 低洼处　B. 任意地方

C. 容易驶离作业现场的方位上

4. 装载货物时,高出栏板的最上一层包装件,堆码应从车厢两面向内错位骑缝,超出车厢前挡板的部分不得大于包装件高度的( )。

A. 1/2　B. 1/3　C. 1/4

5. 装运高出栏板的货物,装车后,必须用绳索捆扎牢固,易滑动的包装件，需用两块苫布覆盖货物时，前苫布应压在后苫布上，且中间接缝处须有大于(　　)的重叠覆盖。

A. 10 厘米　　B. 15 厘米　　C. 5 厘米

6. 装卸爆炸品、有机过氧化物、剧毒品时，装卸机具应按小于额定负荷的(　)使用。

A. 90%　　B. 100%　　C. 75%

7. 装卸加入稳定剂的危险货物时，若包装物变形、发热等异常现象，应(　)。

A. 继续装卸　　B. 拒绝装卸　　C. 商量装卸

8. 装运液化石油气的罐车，当罐车内温度达到(　)时，应采取遮阳或罐外冷水降温措施。

A. 30℃　　B. 40℃　　C. 50℃

9. 装载易燃液体罐车必须配备不少于(　　)个与所装载液体危险货物相适应的灭火器或有效的灭火设施。

A. 1　　B. 4　　C. 2

10. 罐车装卸时，现场人员应站在(　)处，密切注视进料情况，防止货物溢出。

A. 上风　　B. 下风　　C. 上风下风均可

11. 各种易燃气体压力罐车装卸时，应检查管道接头、仪表、泄压阀等安全装置的情况良好，并接通(　)装置。

A. 导除静电　　B. 电路　　C. 油路

12. 集装箱装箱作业前应进行检查，确认集装箱技术状态良好并清扫干净，应(　　)。

A. 去除无关标志、标记和标识

B. 先装普货再装危货　　C. 先装危货再装普货

13. 液化石油气装卸作业前应接好(　)，以保障作业安全。

A. 灯光　　B. 导除静电装置　　C. 喇叭

14. 装卸危险货物过程中，需要移动车辆，应先(　　)，在保证安全的情况下，才能移动。

A. 进食　　B. 休息

C. 关上车厢门或栏板

15. 散装煤焦油沥青在高温季节应在(　)时间段进行运输装卸作业。

A. 中午　　B. 早晚　　C. 吃饭

16. 装运腐蚀性物质的车厢和装卸工具不得沾有(　)。

A. 玻璃碴　　B. 砂土　　C. 氧化性物质

17. 装卸人员在装卸危险货物时,发现有包装破损的危险货物,应(　)。

A. 继续装运　　B. 拒绝装运　　C. 商量装运

18. 装卸易燃易爆危险货物的作业场所应有(　)和避雷装置。

A. 加温　　B. 防静电　　C. 冷却

19. 装卸电石时,不宜在(　)环境下作业。

A. 高温　　B. 夜晚　　C. 潮湿

20. 道路危险货物装卸完毕后,作业现场应(　)。

A. 保持原样　　B. 清扫干净　　C. 加大照明

(二)判断题(20 题)

1. 装卸氧化性物质或有机过氧化物时,应根据装卸工具和场地的操作规程,防止货物剧烈震动、摩擦。(　)

2. 为方便随时移车,装卸危险货物时车辆发动机必须始终保持运转状态。(　)

3. 为保证照明,道路危险货物装卸场所的照明灯具一般选用较大瓦数的白炽灯。(　)

4. 卸完汽油的油罐车,可以动火修理。(　)

5. 凡重复使用的包装,所装货物必须与原装货物无抵触。(　)

6. 不具备防雨雪条件的车辆和场所,不准进行遇水放出易燃气体的危险货物运输作业。(　)

7. 被危险货物污染过的车辆和工具必须洗刷消毒。(　)

8. 装卸易撒漏、易飞扬的散装粉状危险货物时,应用苫布垫

盖,必要时洒水润湿后方可装卸。 ( )

9. 装卸爆炸品应轻拿轻放,严防跌落、摔碰、撞击、拖拉、翻滚、投掷和倒置等。 ( )

10. 装运氧气瓶应横向放置平稳,气瓶头部朝向一方,最上一层超过栏板高度时应捆扎牢固。 ( )

11. 新液化气体罐车或检修后首次充装的罐车,允许直接充装,但需特别谨慎。 ( )

12. 装运易燃液体的新罐车,可以不配备静电导除装置。 ( )

13. 车辆停靠货垛时,应听从作业区指挥人员的指挥,待装、待卸车辆与装卸货物的车辆应保持足够的安全距离,不准堵塞安全通道。 ( )

14. 在装卸毒性物质时,装卸管理人员不能在货物上坐卧、休息,不能用衣袖擦汗。 ( )

15. 装卸氧化性物质和有机过氧化物时,车厢内不得有任何酸类及煤屑、木屑、硫磺、磷等可燃物的残留物,车厢必须干净。 ( )

16. 装卸液化石油气时,驾驶人员可以随意启动车辆。 ( )

17. 装卸爆炸品时,严禁使用会产生火花的工具、机具。 ( )

18. 危险货物装卸作业和一般货物装卸作业的要求完全相同。 ( )

19. 安全装卸是指装卸管理人员仅把货物按规定数量进行装卸。 ( )

20. 气瓶卸货时,不得溜放或摔掼。 ( )

五、运输危险货物车辆的基本要求(40 题,其中选择题 20 题、判断题 20 题)

(一)选择题(20 题)

1. 运输( )时,车辆的排气管必须安装阻火器和导静电拖地带。

A.毒性物质　B.易燃物品　C.腐蚀性物质

2.《道路危险货物运输管理规定》要求道路运输爆炸、强腐蚀性危险货物罐式专用车辆的罐体容积不得超过(　)立方米。

A.10　B.20　C.40

3.《道路危险货物运输管理规定》要求道路运输剧毒、爆炸、强腐蚀性危险货物的非罐式专用车辆,核定载质量不得超过(　)吨。

A.10　B.20　C.40

4.道路运输易燃危险货物的车辆,应具有一些特殊的安全设施,如(　)。

A.熄灭火星装置　B.千斤顶　C.安全带

5.道路运输遇水放出易燃气体物质的车辆,必须具备有效的(　)设备。

A.防静电拖地带　B.防水　C.加热

6.压力专用罐车的罐体必须每年定期进行(　)次检验。

A.2　B.3　C.1

7.《道路危险货物运输管理规定》要求,(　)只能运输散装硫磺、萘饼、粗蒽、煤焦沥青等危险货物。

A.货车列车　B.厢式汽车　C.倾卸式汽车

8.液体罐车超车或转弯时,为了防止侧翻,一定要注意(　)。

A.加速行驶　B.控制车速　C.使用灯光

9.罐车压力表每隔(　)个月至少检验一次,损坏或失灵后,应予以更换。

A.4　B.5　C.6

10.经检验合格的道路危险货物运输罐车压力表,应有铅封和(　)。

A.检验合格证　B.销售合格证　C.出厂合格证

11.运油车罐体两侧要有明显的(　)字样。

A. 严禁烟火　　B. 注意安全　　C. 保持距离

12. 运输爆炸品、剧毒化学品的车辆，应在车辆两侧各增加一块标志牌，悬挂位置一般（　　）。

A. 居前　　B. 居中　　C. 居后

13. 大多数的（　　）蒸气对人体健康具有危害性，驾驶人员在作业前或作业中，应加强集装箱、封闭式车厢的排气通风，以使易燃蒸气能有效地扩散。

A. 氧气　　B. 易燃固体　　C. 易燃液体

14. 道路运输易燃易爆危险货物的车辆蓄电池应有（　　）。

A. 温控装置　　B. 隔离电火花装置

C. 冷却装置

15. 道路危险货物运输车辆在雨天、雾天行驶时，应（　　）。

A. 加速行驶　　B. 减速行驶　　C. 保持高速运行

16. 危险货物车辆通过铁路与公路交接的立交桥时，应注意（　　）。

A. 出口标志　　B. 指路标志　　C. 限高标志

17. 道路危险货物车辆标志灯应安装在（　　）位置。

A. 驾驶室顶部中间　　B. 驾驶室顶部左侧

C. 驾驶室顶部右侧

18. 道路危险货物运输车辆应按照（　　）的要求，使用危险品标志灯、标识和标牌。

A.《危险货物品名表》（GB 12268—2005）

B.《道路运输危险货物车辆标志》（GB 13392—2005）

C.《危险货物分类和品名编号》（GB 6944—2005）

19. 在有坡度的场地装卸危险货物时，应采取防止车辆（　　）的有效措施。

A. 熄火　　B. 溜坡　　C. 温升

20. 装运大型气瓶的车辆必须配置活络插桩、三角垫木、（　　）等工具。

A. 紧绳器　　B. 苫布　　C. 麻袋

(二)判断题(20题)

1. 道路运输易燃液体时,车厢内不得有氧化性物质、自燃物品、强碱等残留物。 ( )

2. 爆炸品、遇水放出易燃气体的物质、固体剧毒物品、感染性物质、放射性物品和有机过氧化物应使用厢式货车运输。( )

3. 道路运输腐蚀性液体、剧毒液体、易燃液体应使用专用罐车。 ( )

4. 装有危险货物的专用容器可使用栏板货车运输。( )

5. 道路运输有机过氧化物、感染性物质可选用没有控温装置的厢式车型。 ( )

6. 道路危险货物运输车辆的排气管,必须符合国家标准《机动车排气火花熄灭器性能要求和试验方法》的规定。 ( )

7. 运输车辆必须在驾驶室安装便于驾驶人员能随时操作切断电源的总开关。 ( )

8. 大部分易燃易爆液体货物运输时会在罐内晃动、与罐体内壁接触面积增大,极易产生静电,应急时排除。因此,其运输车辆必须将导静电拖地带拖地,但空车时可以不接导静电拖地带。

( )

9. 利用拖地橡胶带中的金属导体与地面接触,可以及时排除静电,以达到安全运输的目的。 ( )

10. 栏板车辆车厢底板必须平整完好,周围栏板必须牢固,周围没有栏板的车辆,可临时装运危险货物。 ( )

11. 道路运输毒性物质和感染性物质的车辆,需要在每次运输后进行及时、彻底地清洗和消毒。 ( )

12. 道路危险货物运输车辆可以随意改装,以便有利于运输。

( )

13. 罐体改装其他液体,必须经过清洗和安全处理,其污水应排入下水道内。 ( )

14. 道路运输液体危险货物,可以使用移动罐体车辆运输。

( )

15. 厢式货车适宜运输爆炸品、遇水放出易燃气体、氧化性物质及毒性物质等危险货物，在运输中能防止危险货物货损、货差和丢失；能起到防雨、防雷等保护作用。（　　）

16. 罐式集装箱运输车辆主要用于运输固体危险货物。（　　）

17. 控温厢式货车，其车厢内应有制冷或加温装置以及保温措施，驾驶室应有温度监控系统。（　　）

18. 控温厢式货车多数从事腐蚀性物质的运输。（　　）

19. 罐式货车是将罐体固定在载货汽车的底盘上。罐体也可与车辆分离。（　　）

20. 只要技术等级为一级的营运车辆，就可进行道路危险货物运输。（　　）

六、常见危险货物应急处理措施(115 题，其中选择题 70 题、判断题 45 题)

(一)选择题(70 题)

1. 道路运输汽油的车辆着火时，不能使用(　　)灭火剂。

A. 水　　B. 二氧化碳　　C. 泡沫

2. 在道路运输毒性物质过程中，应随车携带(　　)。

A. 苫布　　B. 麻袋　　C. 防毒面具

3. 储运金属钠时，通常将其放入煤油或石蜡等矿物油中，主要是为了(　　)。

A. 防止碰撞　　B. 防止被盗

C. 防止与空气中的氧和钠接触

4. 金属钠遇水时发生剧烈反应并释放大量氢气而造成火灾，此类火灾只能用下列(　　)灭火。

A. 二氧化碳灭火剂　　B. 水

C. 砂土

5. 当爆炸物品发生大量撒漏时，应(　　)方式处理。

A. 用土覆盖就地掩埋

B. 用水湿润，撒以锯末或棉絮等松软物收集后，报请公安

或消防人员处理

C. 收集起来,重新放入包装容器中

6. 正确处理易燃液体泄漏的方式是(　　)。

A. 用水冲刷至地沟、下水道或河流中

B. 用火点燃使之燃烧完　　C. 用松软材料吸附后集中

7. 火灾发生的三大要素是(　　)。

A. 着火源、可燃物、助燃物　B. 空气、热量、可燃物

C. 电源、空气、热

8. 不属于着火源的是(　　)。

A. 摩擦　　B. 静电　　C. 太阳光

9. 当(　　)着火时,禁止使用砂土覆盖。

A. 散装爆炸品　　B. 汽油　　C. 硫酸

10. 当(　　)着火时,禁止用水灭火。

A. 碳化钙(电石)　B. 红磷　　C. 硫磺

11. 运输易燃气体途中遇有火情须迅速扑救,应将未着火的气瓶迅速移至安全处;对已着火的气瓶应使用大量(　　)喷洒在气瓶上,使其降温冷却。

A. 雾状水　　B. 热水　　C. 碱性水

12. 道路运输易燃液体,车上人员不准(　　),车辆不得接近明火及高温场所。

A. 吸烟　　B. 进食　　C. 喝水

13. 当(　　)燃烧时会产生剧毒的五氧化二磷等气体,扑救时应穿戴防护服和防毒面具。

A. 黄磷　　B. 铝粉　　C. 萘

14. 当(　　)着火后,被水扑灭只是暂时熄灭,残留物待水分挥发后又会自燃。

A. 萘　　B. 铝粉　　C. 黄磷

15. 当(　　)着火时,可用水灭火。

A. 汽油　　B. 苯　　C. 硫磺

16. 当(　　)着火时,不得用水作为灭火剂。

A. 铝粉　B. 硫磺　C. 萘

17. 镁粉发生火灾时，应使用(　)灭火。

A. 水　B. 特殊干粉　C. 二氧化碳

18. 氧化性物质撒漏后，应使用(　)工具来收集处理。

A. 惰性材质　B. 金属　C. 纸质

19. 运输盛装碳化钙(电石)的钢桶中通常充入(　)稳定剂，确保运输安全。

A. 水　B. 煤油　C. 氮气

20. 毒性物质氰化物发生火灾时，应用(　)扑救。

A. 水　B. 酸碱灭火剂　C. 泡沫灭火剂

21. 爆炸品通常采用(　)灭火。

A. 水冷却法　B. 窒息法或隔离法

C. 砂土覆盖法

22. 电石颗粒溅入眼睛内，应先用蘸(　)或植物油的棉签去除颗粒后，再用水冲洗。

A. 石蜡油　B. 机油　C. 煤油

23. 化学品事故的特点是发生突然、持续时间长、(　)、涉及面广等。

A. 扩散迅速　B. 迅速聚集　C. 人员伤亡多

24. 道路运输酒精过程中，酒精的主要危害是(　)。

A. 助燃　B. 易燃　C. 刺激

25. 液体危险货物装卸作业时，应使用(　)保护面部。

A. 太阳镜　B. 防护面罩　C. 毛巾

26. 扑救(　)危险货物火灾时，扑救人员应先关闭管道或容器阀门，阻止其继续外溢，扩大灾情。

A. 液体　B. 固体　C. 粉状

27. 扑救(　)危险货物火灾时，扑救人员应先关闭管道或容器阀门，阻止其继续外泄，扩大灾情。

A. 固体　B. 气体　C. 粉状

28. 大部分有毒气体能溶解于水，遇有泄漏时，若无法控制，可将气瓶推入(　　),并及时通知相关管理部门处理。

A.水中　　B.路边　　C.无人的地方

29.从业人员进入危险货物作业现场,开启仓库、集装箱和封闭式车厢时要先(　　),以保障作业安全。

A.搬运　　B.装卸　　C.通风排气

30.硫磺在燃烧时产生(　　)和刺激性气体,扑救时必须注意带好防毒面具。

A.有毒　　B.剧毒　　C.碱性

31.堆码货物时,桶口、箱盖一般应朝上。允许横倒的桶口及袋装货物的袋口应(　　)。

A.朝里　　B.朝外　　C.朝里朝外都行

32.遇热、遇潮容易引起燃烧、爆炸或产生有毒气体的危险货物,在装运时应采用(　　)措施。

A.隔热、防潮　　B.密封　　C.防尘

33.从业人员装卸、运输毒性物质前后,禁止(　　)。

A.喝水　　B.进食　　C.饮酒

34.装运(　　)时,应先了解包装桶内有无充填保护气体。

A.碳化钙(电石)　　B.汽油　　C.乙醇

35.运输中发现有毒气体气瓶漏气时,根据(　　)做好相应的人身防护措施。

A.气体性质　　B.气体质量多少　　C.车辆类型

36.在道路危险货物运输中的任何情况,雷管和炸药都(　　)。

A.可以同车装运　　B.不得同车装运　　C.没有装运限制

37.在任何情况下,装卸危险货物时,运输雷管和炸药的两车都(　　)。

A.不可以同时在同一场地进行装卸

B.可以同时在同一场地进行装卸

C.不受限制

38.从业人员使用起重机装卸大型气瓶或罐式集装箱时,必须(　　)。

A. 穿好防护工作服　　B. 戴好防毒面具

C. 戴好安全帽

39. 易于自燃物质灭火时一般可用(　　)灭火。

A. 干粉灭火剂、砂土和二氧化碳

B. 水　　C. 碱性水

40. 装运易燃液体的道路危险货物运输车辆若发生故障,在维修时应严格控制(　　)。

A. 夜晚作业　　B. 明火作业　　C. 中午作业

41. 有机过氧化物、金属过氧化物着火时,可用(　　)扑救。

A. 水　　B. 泡沫灭火剂　　C. 砂土或干粉

42. 氰化物遇酸性物质能生成剧毒气体氢化氰,着火时,不得用(　　)扑救。

A. 酸碱灭火剂　　B. 水　　C. 砂土

43. 当酸性危险货物大量泄漏后,应首先采用(　　)处理。

A. 大量水稀释　　B. 碱性物质中和　　C. 火点燃

44. 道路危险货物运输从业人员装运毒性物质时,如果皮肤破伤,(　　)。

A. 应继续作业,完工后进行处理

B. 应立即停止作业,并进行必要的医疗处理

C. 无需作任何处理

45. 装运氧化性物质和有机过氧化物时,若发生包装破损,撒漏物(　　)。

A. 不得装入原包装内,必须另行处理

B. 可装入原包装内,继续装运

C. 应立即点燃

46. 装运的硫酸粘到手上后,应立即用(　　)清洗。

A. 清水　　B. 酒精　　C. 汽油

47. 从火场上救出的气瓶,如没有发生泄漏等情况,待(　　)

可以继续运输。

A. 冷却后　　B. 加热后　　C. 泄漏完

48. 装卸腐蚀性物质的现场,应依据货物特性备有(　　)或苏打水、稀酯酸,以备急救。

A. 制冷装置　　B. 加温装置　　C. 水源

49. 装卸气瓶时,在同一车箱内不准有(　　)人以上同时往车上装瓶。

A. 2　　B. 4　　C. 3

50. 道路运输甲醇的车辆发生阀门泄漏时,首先应(　　),再通知本单位或有关部门。

A. 通知就近单位　　B. 通知运管部门

C. 采取有效封堵措施

51. 易燃液体装卸始末,管道内流速不得超过(　　)。

A. 2 米/秒　　B. 4 米/秒　　C. 1 米/秒

52. 易燃液体正常装卸作业中流速不宜超过(　　)。

A. 2 米/秒　　B. 3 米/秒　　C. 4 米/秒

53. 道路运输酒精的车辆着火时,应采用(　　)灭火。

A. 普通泡沫灭火剂 B. 细砂　　C. 水

54. 道路危险货物运输车辆的轮胎爆破后,应(　　)。

A. 紧急制动

B. 稳住方向,使车辆逐渐减速停止

C. 迅速转向,立即停车

55. 道路危险货物运输从业人员的头部受到毒性物质污染时,首先应注意(　　)。

A. 打电话求援　　B. 用大量清水冲洗

C. 用毛巾擦抹干净

56. 高温天气运输液化气罐车途中因故障停车时,应注意(　　)。

A. 罐体遮阳,防止暴晒　　B. 就地修理

C. 通知运管部门

57. 道路运输硫酸的车辆着火时，应采用(　　)灭火。

A. 强大水流　　B. 雾状水　　C. 泡沫灭火剂

58. 道路运输硝酸的车辆着火时，应采用(　　)灭火。

A. 雾状水　　B. 强大水流　　C. 泡沫灭火剂

59. 危险货物金属钾着火时，应采用(　　)灭火。

A. 雾状水　　B. 砂土、干粉、二氧化碳

C. 普通泡沫灭火剂

60. 危险货物乙炔着火时，采用(　　)灭火。

A. 砂土　　B. 干粉　　C. 碱性水

61. 危险货物二硫化碳发生小量泄漏时，可用(　　)。

A. 火点燃　　B. 水稀释　　C. 砂土吸收

62. 危险货物甲醇着火时，应采用(　　)灭火。

A. 酸性水　　B. 水　　C. 干粉

63. 危险货物粗制萘发生小量撒漏时，可用(　　)。

A. 风吹　　B. 干燥罐收集　　C. 砂土掩埋

64. 装卸硫磺时，不小心皮肤接触，可用(　　)处理。

A. 水冲洗　　B. 酸清洗　　C. 汽油冲洗

65. 危险货物铝镁粉着火时，应用(　　)灭火。

A. 水　　B. 砂土

C. 二氧化碳泡沫

66. 危险货物硫磺粉着火时，可采用(　　)。

A. 雾状水扑救　　B. 加压水冲击

C. 酸性加压水冲击

67. 危险货物精萘着火时，宜用(　　)灭火。

A. 雾状水　　B. 加压水冲击　　C. 泡沫灭火剂

68. 在重大事故发生时，应拨打(　　)电话号码。

A. 114　　B. 121　　C. 110

69. 当爆炸物品发生撒漏时，(　　)将收集的撒漏物重新装入原包装内。

A. 可以　　B. 一般情况下可以

C. 绝对不允许

70. 道路运输易燃易爆作业现场必须严禁烟火，作业现场应划定警戒区，一般半径(　　)米内不得有热源或明火。

A. 10　　B. 15　　C. 30

(二)判断题(45 题)

1. 乙炔气和氧气不能混装和混储。(　　)

2. 氨气和氯气可以混装和混储。(　　)

3. 毒性物质主要是通过呼吸道、皮肤和消化道进入人体内，因此在装运过程中应重点防止上述3项传播途径。(　　)

4. 任何一种危险化学品发生火灾时均可用水施救。(　　)

5. 燃烧可能产生毒性物质的危险货物着火时，应佩戴防毒面具，站在上风口进行扑救。(　　)

6. 大部分固态或液体氧化物遇水会发生化学反应并释放出氧气，故在装运过程中要特别注意防水。(　　)

7. 在运输易燃液体过程中最主要的危险是易挥发的蒸气易与空气混合，引发燃烧和爆炸。(　　)

8. 道路运输易于自燃物质时，要注意避免这类物品与空气接触。(　　)

9. 道路运输易燃气体途中，若发生燃烧，在灭火同时应迅速将未着火气瓶运至空旷安全处，并用大量水喷淋冷却气瓶，以防止灾害扩大。(　　)

10. 道路危险货物运输途中，易燃液体发生燃烧，都应立即用大量水进行喷淋灭火。(　　)

11. 道路运输遇水或酸产生剧毒气体的易燃固体时，必须为驾驶人员和押运人员配备防毒面具。(　　)

12. 道路运输易燃易爆危险货物时，驾驶人员不能在车辆附近随意使用明火。(　　)

13. 道路危险货物车辆夏季运输气体钢瓶时，当气瓶内的温度可能高于40°C时，应对瓶体实施遮阳、冷水喷淋、降温等措施。(　　)

14. 道路运输爆炸品时，无外包装的金属桶只能单层摆放，以免压力过大或撞击摩擦引起爆炸。 （ ）

15. 道路运输爆炸品，车上严禁搭乘无关人员和危及安全的其他物资。 （ ）

16. 爆炸品着火时，也可采用窒息法或隔离法灭火。 （ ）

17. 道路运输大型气瓶时，车上必须配备防止钢瓶滚动的紧固装置，如插桩、垫木、紧绳器等。 （ ）

18. 道路运输气体的罐车装卸作业时，应按指定位置停车，发动机正常工作，实施驻车制动。 （ ）

19. 道路运输大型气瓶行车途中，应尽量避免紧急制动，防止气瓶因惯性作用而造成事故。 （ ）

20. 易燃液体的蒸气与空气能形成爆炸性混合物，遇明火会发生燃烧爆炸，应注意安全作业。 （ ）

21. 道路运输易燃液体的驾驶人员不得随身携带火种，可穿着一般工作服和工作鞋。 （ ）

22. 装运易燃液体的罐车行驶时，导除静电装置应接地良好。 （ ）

23. 夏季高温季节装运易燃液体时，应按有关部门和当地规定的作业时间进行作业，确保安全。 （ ）

24. 扑灭易燃液体着火的最有效方法，是采用泡沫、二氧化碳、干粉灭火剂进行扑救。 （ ）

25. 道路运输易燃液体一旦发生撒漏时，最有效的方法是用水稀释处理。 （ ）

26. 易挥发出易燃、有害及刺激性气体的危险货物装卸作业现场，应保持良好通风，防止中毒和燃烧爆炸。 （ ）

27. 在雨雪天道路运输遇水放出易燃气体的物质，车辆必须配备有效的防水设施，不具备条件的车辆不得运输。 （ ）

28. 遇水反应的易燃固体着火时，不得用水灭火，应采用干砂、干粉灭火剂进行扑救。 （ ）

29. 对火灾中抢救出来的赤磷要谨慎处理，因为赤磷在高温

下会转化为黄磷,变成自燃物品。 ( )

30. 遇水放出易燃气体的危险货物着火时,应用干砂、干粉灭火剂进行灭火。 ( )

31. 遇水反应产生易燃或有毒气体的危险货物着火时,可使用泡沫灭火剂扑救。 ( )

32. 扑救遇水反应产生剧毒、腐蚀性气体的危险货物火灾时,应穿戴防护用品和自给式呼吸器。 ( )

33. 有机过氧化物、金属过氧化物着火时,可用水进行扑救。 ( )

34. 装卸氧化剂过程中,若发生撒漏,应轻轻扫起撒漏物,重新包装,可以同车发运。 ( )

35. 装运毒性物质,必须携带劳动防护用品及防散失、防雨等工、属具。 ( )

36. 道路运输有机毒性危险货物应避开高温、明火场所。 ( )

37. 大部分毒性物质着火时,能产生有毒和刺激性气体及烟雾。扑救时,应尽可能站在上风处,并戴好防毒面具。 ( )

38. 对毒性物质的撒漏物不能任意处理,以免扩大污染甚至造成不可估量的危害。 ( )

39. 撒漏的液体毒性物质,应用砂土、锯末等松软物浸润、吸附收集后,盛入容器中,可将其交付运输管理部门处理。 ( )

40. 放射性货物可以同其他危险货物同车装运。 ( )

41. 酒精能缓解毒性物质引起的人体病态症状,所以饮酒可作为抢救毒性物质中毒的措施。 ( )

42. 道路运输腐蚀性物质前,应认真检查货物包装和容器封口情况,严禁运输无外包装的腐蚀性物质。 ( )

43. 装运有易碎容器包装的腐蚀性物质时,驾驶人员要平稳驾驶,密切注意路面情况,对条件差的路段应缓慢通过。 ( )

44. 道路运输腐蚀性物质途中,应每隔一定时间停车检查车

上货物情况,发现包装破漏要及时处理,防止酿成重大事故。 ( )

45. 液体腐蚀性物质撒漏时,应用干砂、干土覆盖吸收,打扫干净后,再用水洗刷污染处。 ( )

第三篇　装卸管理人员从业资格考试题库
(共465题)

一、危险货物运输的相关法规常识(120题,其中选择题60题、判断题60题)

(一)选择题(60题)

1. 国务院第344号令《危险化学品安全管理条例》自(　　)起施行。

A. 1988年8月1日　　B. 2005年8月1日

C. 2002年3月15日

2. 施行国务院第344号令《危险化学品安全管理条例》的目的是:为了加强对(　　)的安全管理,保障人民生命、财产安全,保护环境。

A. 普通货物　　B. 危险物　　C. 危险化学品

3. 在中华人民共和国境内生产、经营、储存、(　　)、使用危险化学品和处置废弃危险化学品,必须遵守国务院第344号令《危险化学品安全管理条例》。

A. 购买　　B. 加工　　C. 运输

4. 国务院第344号令《危险化学品安全管理条例》所称的危险化学品是《危险货物品名表》(GB 12268—2005)9类之中的(　　)类。

A. 9　　B. 7　　C. 8

5. 道路运输危险化学品单位的(　　),应对本单位危险化学品运输安全全面负责。

A. 主要负责人　　B. 工会主席　　C. 安全负责人

6. 国务院规定,由(　　)负责危险化学品安全监督管理综合

工作,负责危险化学品经营许可证的发放,负责国内危险化学品的登记,负责危险化学品事故应急救援的组织和协调。

A. 公安部　　B. 国家安全生产监督管理总局

C. 交通部

7. 国务院第344号令《危险化学品安全管理条例》规定,有关部门派出的工作人员依法进行监督检查时,应当(　　)。

A. 事先通知　　B. 出示通知书　　C. 出示证件

8. 危险化学品生产企业销售其生产的危险化学品时,应当提供与危险化学品完全一致的化学品(　　),并在包装上加贴或者拴挂与包装内危险化学品完全一致的化学品安全标签。

A. 产品使用说明书　　B. 专利说明书

C. 安全技术说明书

9. 国家对危险化学品的运输实行(　　)制度。

A. 自由运输　　B. 资质认定　　C. 自主运输

10. 道路危险化学品运输企业必须具备的条件由(　　)规定。

A. 公安部门　　B. 国务院交通部门

C. 国家安全生产监督管理总局

11. 国务院第344号令《危险化学品安全管理条例》规定,(　　)应当对危险化学品的包装物、容器的产品质量进行定期的或者不定期的检查。

A. 质检部门　　B. 交通部门　　C. 经贸部门

12. 驾驶人员、押运人员、装卸管理人员必须掌握危险化学品运输的安全知识,并经所在地设区的市级人民政府(　　)考核合格,取得从业资格证,方可上岗作业。

A. 交通部门　　B. 质检部门　　C. 经贸部门

13. 通过公路运输剧毒化学品的,托运人应当向目的地的县级人民政府公安部门申请办理(　　)。

A. 交通运输许可证　　B. 剧毒化学品公路运输通行证

C. 道路占用证

14. 国务院(　　)制定了剧毒化学品公路运输通行证的式样和具体申领办法。

A. 交通部门　　B. 安全监管部门　C. 公安部门

15. (　　)和未列入《危险货物品名表》(GB 12268—2005)的其他危险化学品,由国家安全生产监督管理总局会同国务院公安、环境保护、卫生、质检、交通部门确定并公布。

A. 剧毒化学品目录　　B. 危险货物品名表

C. 危险废物品名表

16. 国家实行(　　)登记制度,并提供安全管理、事故预防和应急救援技术、信息支持。

A. 危险化学品　　B. 普通货物　　C. 一般货物

17. 危险货物托运人应当委托具有道路危险货物运输资质的企业承运,严格按照国家有关规定包装,并向(　　)说明危险货物的品名、数量、危害、应急措施等情况。

A. 承运人　　B. 货主　　C. 托运人

18. 危险化学品(　　)必须为危险化学品事故应急救援提供技术指导和必要的协助。

A. 生产企业　　B. 经营企业　　C. 使用单位

19. 国务院第 344 号令《危险化学品安全管理条例》规定,未取得道路危险货物运输企业资质,擅自从事危险化学品公路运输的企业,由(　　)依据职责对其进行处罚。

A. 公安部门　　B. 交通部门　　C. 质检部门

20. 国务院第 344 号令《危险化学品安全管理条例》规定,未取得危险货物运输(　　),擅自从事危险化学品公路运输的企业,由交通部门依据职责对其进行处罚。

A. 企业资质　　B. 生产许可证　　C. 经营许可证

21. 从事危险化学品公路运输的驾驶人员、押运人员、装卸管理人员未经考核合格,取得(　　)的,由交通部门处 2 万元以上 10 万元以下的罚款。

A. 生产许可证　　B. 营业执照　　C. 从业资格证

22. 从事危险化学品公路运输的驾驶人员、押运人员、装卸管理人员未经考核合格，取得从业资格证的，由(　　)处2万元以上10万元以下的罚款。

A. 公安部门　　B. 质检部门　　C. 交通部门

23. 托运人托运剧毒危险化学品，未向(　　)申请领取剧毒化学品公路运输通行证，擅自通过公路运输剧毒化学品的，处2万元以上10万元以下的罚款。

A. 公安部门　　B. 质检部门　　C. 交通部门

24. 道路危险货物运输单位发生危险货物运输事故造成人员伤亡、财产损失的，应当依法承担(　　)责任。

A. 保护　　B. 个人　　C. 赔偿

25. 国务院规定，由(　　)负责危险化学品的公共安全管理，负责发放剧毒化学品购买凭证和准购证，负责审查核发剧毒化学品公路运输通行证，对危险化学品道路运输安全实施监督。

A. 公安部门　　B. 质检部门　　C. 交通部门

26. 国务院规定，由(　　)负责发放危险化学品及其包装物、容器的生产许可证，负责对危险化学品包装物、容器的产品质量实施监督。

A. 公安部门　　B. 质检部门　　C. 交通部门

27. 国务院规定，由(　　)负责危险化学品公路运输单位及其运输工具的安全管理，负责危险化学品公路运输单位、驾驶人员、装卸人员和押运人员的资质认定。

A. 公安部门　　B. 质检部门　　C. 交通部门

28.《危险货物品名表》(GB 12268—2005)适用于危险货物(　　)、生产、储存、经营、使用和处置。

A. 买卖　　B. 包装　　C. 运输

29. 道路危险货物运输专用车辆的技术性能应符合国家标准(　　)的要求。

A.《道路车辆外廓尺寸、轴荷和质量限值》(GB 1589)

B.《营运车辆综合性能要求和检验方法》(GB 18565)

C.《营运车辆技术等级划分和评定要求》(JT/T 198)

30. 道路危险货物运输专用车辆的技术等级应符合行业标准( )规定的一级技术等级。

A.《道路车辆外廓尺寸、轴荷和质量限值》(GB 1589)

B.《营运车辆综合性能要求和检验方法》(GB 18565)

C.《营运车辆技术等级划分和评定要求》(JT/T 198)

31. 道路运输、装卸危险化学品,不符合国家有关法律、法规、规章和国家标准,并未按照危险化学品的特性采取必要安全防护措施的,由( )处2万元以上10万元以下的罚款。

A. 安全监督部门　B. 交通部门　C. 工商部门

32. 托运人在托运的普通货物中夹带危险货物或者将危险货物匿报、谎报为普通货物托运的,由( )处2万元以上10万元以下的罚款。

A. 安全监督部门　B. 公安部门　C. 工商部门

33. 道路危险货物运输罐车的罐体应经( )检测合格,并在罐体检验合格的有效期内承运危险货物。

A. 交通部门　B. 安监部门　C. 质检部门

34.《危险货物品名表》(GB 12268—2005)是危险货物运输作业的重要依据,具有确定危险货物的类别、项别和( )的作用。

A. 范围　B. 责任　C. 名称

35. 道路危险货物运输企业的( )不需要取得道路危险货物运输从业人员从业资格证。

A. 押运人员　B. 驾驶人员　C. 财务人员

36. 符合道路危险货物运输资质条件的是( )。

A. 专用车辆5辆以上　B. 专用车辆5辆以下

C. 专职驾驶人员不得少于20人

37. 符合道路危险货物运输资质条件的是( )。

A. 车辆技术等级达到二级　B. 车辆技术等级达到一级

C. 专用车辆5辆以下

38. 符合道路危险货物运输资质条件的是( )。

A. 车辆技术等级达到二级　　B. 专用车辆 5 辆以下

C. 配备有效的通讯工具

39. 道路危险货物运输的罐车，其罐体必须(　　)时间进行一次检测。

A. 一年　　B. 半年　　C. 一季度

40. 道路危险货物运输从业人员安全培训的内容包括(　　)。

A. 危险货物的性质　　B. 销售知识

C. 生产知识

41. 道路危险货物运输从业人员安全培训的内容包括(　　)。

A. 销售知识　　B. 危险货物危害特性

C. 包装容器设计

42. 道路危险货物运输驾驶人员应该掌握的业务知识包括(　　)。

A. 危险货物生产方式　　B. 危险货物买卖

C. 运输事故应急措施

43. "危险货物"的定义是指(　　)。

A. 具有爆炸、易燃、毒害、腐蚀、放射性等特性，在运输、装卸和储存过程中，容易造成人身伤亡、财产毁损和环境污染而需要特别防护的货物

B. 价值极其昂贵需要特别防护的货物

C. 包装精美需要特别防护的货物

44. 在《危险货物分类和品名编号》(GB 6944—2005)中，第 2 类危险货物(气体)按化学性质分为 3 项，分别是(　　)。

A. 易燃气体、非易燃无毒气体和毒性气体

B. 氧气、氮气和氨气

C. 氧化性气体、非氧化性气体、惰性气体

45. 办理道路危险货物托运时，承运人应注意危险货物品名、规格、件重、件数、起运日期，还要注意收、发货人详细地址和(　　)等。

A. 生产厂家　　B. 包装方法　　C. 危险特性

46. 道路运输腐蚀性物质时,首先应考虑的安全问题是(　　)。

A. 防止泄漏　　B. 防止燃烧

C. 防止与空气接触

47. 依据《道路危险货物运输管理规定》,道路危险货物运输不按照规定携带(　　)的,由县级以上道路运输管理机构责令改正,处警告或者 20 元以上 200 元以下的罚款。

A. 驾驶证　　B. 道路运输证　　C. 身份证

48. 依据《道路危险货物运输管理规定》,擅自改装已取得危险货物《道路运输证》的(　　),由县级以上道路运输管理机构责令改正,并处 5 000 元以上 2 万元以下的罚款。

A. 专用车辆及罐式专用车辆罐体

B. 驾驶室仪表　　C. 危险品标志

49. 不得使用运输毒性物质的道路危险货物专用车辆运输(　　)。

A. 强毒性货物　　B. 普通货物　　C. 弱毒性货物

50. 危险货物运达卸货地点后,因故不能及时卸货的,且托运人不能及时妥善处理,承运人应当立即报告当地(　　)部门。

A. 交通　　B. 安监　　C. 公安

51. 危险货物安全技术说明书和安全标签,是承运人制作(　　)的依据。

A. 托运证明文件　　B. 包装检查证明书

C. 道路运输危险货物安全卡

52.《汽车运输、装卸危险货物作业规程》(JT 618),规定了汽车运输、装卸危险货物的基本要求和(　　)要求。

A. 生产　　B. 安全作业　　C. 经营

53. 根据《危险货物分类和品名编号》(GB 6944—2005),危险货物分为(　　)类。

A. 8　　B. 9　　C. 7

54. 雷雨天气装运危险货物时,应确认(　　)。

A. 货物数量　　B. 避雷电、防潮湿措施有效

C. 防滑措施是否有效

55. 危险货物的分类、分项、品名和品名编号应当按照国家标准《危险货物分类和品名编号》(GB 6944—2005)和(　　)执行。

A.《危险货物品名表》(GB 12268—2005)

B. 道路危险货物运输管理规定

C. 中华人民共和国安全生产法

56.《道路运输证》的经营范围栏内注明了允许运输危险货物的类别、项别。道路危险货物运输车辆(　　)按照《道路运输证》规定的经营范围进行运输。

A. 不一定　　B. 必须　　C. 可以不

57. 道路危险货物运输从业人员(　　)转让、出租道路危险货物运输许可证件。

A. 不可以　　B. 可以　　C. 不受限制

58. 对托运人应该派押运人员而未派的放射性危险货物运输,道路危险货物运输企业(　　)承运。

A. 应该拒绝　　B. 可以

C. 可以根据具体情况决定是否

59. 道路危险货物装卸作业时,应在装卸作业区设置警告标志。无关人员(　　)进入装卸作业区。

A. 允许　　B. 不允许

C. 特殊情况下允许

60. 危险货物的装卸作业,应当在(　　)的现场指挥下进行。

A. 押运人员　　B. 驾驶人员　　C. 装卸管理人员

(二)判断题(60 题)

1. 国务院第 344 号令《危险化学品安全管理条例》只适用于危险化学品的生产管理。　　(　　)

2. 道路危险货物运输装卸管理人员的年龄不得超过 50 岁。
(　　)

3. 装卸管理人员在受理道路运输剧毒品装卸业务后,要向承运人所在地公安部门申请装卸证。　　(　　)

4. 道路危险货物运输企业或者单位应当对从业人员进行经常性的安全、职业道德教育和业务知识、操作规程培训。 ( )

5. 在我国现阶段,只要有车、有人、有货就可以从事道路危险货物运输。 ( )

6. 装卸危险货物时,应当根据所运危险货物的性质配备必需的应急处理器材和安全防护设施。 ( )

7. 道路运输剧毒、爆炸、易燃、放射性危险货物的,应当具备罐式车辆或厢式车辆、专用容器,车辆应当安装行驶记录仪或定位系统。 ( )

8. 罐式专用车辆的罐体应当经质量检验部门检验合格,并在其有效期内承运危险货物。 ( )

9. 道路运输未列入《危险货物品名表》(GB 12268—2005)的危险货物,托运人应出具《危险货物鉴定表》。 ( )

10. 道路危险货物运输应由具备道路危险货物运输资质的企业承运。 ( )

11. 在托运危险货物时,托运人必须向承运人提供该危险货物的安全技术说明书。 ( )

12. 道路运输液体危险货物时,无论使用何种材质的容器,只要能确保不破损即可。 ( )

13. 危险货物在装卸过程中发生的任何装卸事故,装卸人员均不需承担责任。 ( )

14. 道路危险货物运输的驾驶人员、装卸人员和押运人员必须了解所运载的危险化学品的性质、危害特性、包装容器的使用特性和发生意外时的应急措施。 ( )

15. 所有道路危险货物运输的从业人员均应具备高中以上学历。 ( )

16. 道路危险货物运输从业人员必须熟悉有关安全生产的法规、技术标准和安全生产规章制度、安全操作规程。 ( )

17. 根据有关法律法规,道路危险货物从业人员专业知识要依靠员工自己学习和提高,企业没有责任和义务为员工提供任何

培训。 （ ）

18. 在个别情况下，普通货物运输车辆可以承运一次性或临时性的道路危险货物运输。 （ ）

19.《道路危险货物运输管理规定》要求，禁止使用移动罐体（罐式集装箱除外）从事道路危险货物运输。 （ ）

20. 道路危险货物运输，是指使用专用车辆，通过道路运输危险货物的作业全过程。 （ ）

21. 道路危险货物运输车辆，是指从事道路危险货物运输的载货汽车。 （ ）

22. 道路危险货物运输专用车辆，应到具备道路危险货物运输车辆维修条件的企业进行维修。 （ ）

23. 道路危险货物运输从业人员，应当严格按照道路运输管理机构决定的许可事项从事道路危险货物运输活动。 （ ）

24. 道路危险货物装卸作业场所的电气设备应符合规定要求，严禁使用明火灯具照明，照明灯应具有防爆性能。 （ ）

25. 道路危险货物运输罐式集装箱，应使用集装箱运输专用车辆。 （ ）

26.《危险货物品名表》（GB 12268—2005）中的编号采用4位的联合国编号（UN），备注中的编号采用5位的中国编号（CN）。 （ ）

27. 杂项危险物质和物品是指具有其他类别未包括的危险的物质和物品，如高温物质。 （ ）

28.《危险货物品名表》（GB 12268—2005）中未列出的货物，均可按普通货物运输。 （ ）

29.《危险货物品名表》（GB 12268—2005）中所列的货物，均必须按危险货物进行运输。 （ ）

30. 道路危险货物装卸过程中一旦发生事故，即有可能会引起泄漏、污染、爆炸等危及公共安全的事件，因此从事危险货物作业的装卸管理人员更应有社会责任感。 （ ）

31. 托运凭证运输的危险货物，托运人可以不提交相关证明

文件。（ ）

32. 由托运人负责鉴定货物的性质，当托运危险货物时，应委托具有道路危险货物运输资质的单位承运。（ ）

33. 第9类杂项危险物质和物品是针对民用航空运输的，若采用汽车运输则不认为其是危险货物。（ ）

34. 危险货物在运达目的地后，收货人因故拒收货物，导致危险货物无法及时卸货，若发生任何事故，驾驶人员、押运人员和装卸管理人员均不需承担责任。（ ）

35. 道路运输剧毒危险品的罐式专用车辆，其罐体容积不得超过20立方米。（ ）

36. 危险货物以列入《危险货物品名表》(GB 12268—2005)为准，未列入的按国家有关规定执行。（ ）

37.《中华人民共和国安全生产法》规定生产经营单位运输危险物品，必须执行有关法律、法规和国家标准或者行业标准。（ ）

38. 从事爆炸品、剧毒性物质运输的驾驶人员、押运人员、装卸管理人员要有公安部门的政审材料。（ ）

39.《中华人民共和国安全生产法》规定机动车载运爆炸物品、易燃易爆化学物品以及剧毒、放射性等危险物品，应当经公安机关批准后，按指定的时间、路线、速度行驶，悬挂警示标志并采取必要的安全措施。（ ）

40. 2004年7月1日起实施的《中华人民共和国道路运输条例》，是我国第一部有关道路运输方面的管理条例。（ ）

41. 道路危险货物运输从业人员运输、装卸危险货物集装箱时，应查验危险货物装箱清单。（ ）

42. 道路危险货物运输从业人员有权拒绝运输、装卸已有水渍、雨淋痕迹的遇水放出易燃气体的物质。（ ）

43. 道路危险货物运输从业人员无权拒绝运输、装卸不符合国家有关危险货物运输规定的危险货物。（ ）

44. 严禁超范围运输危险货物，严禁超载、超限。（ ）

45. 道路运输危险货物从业人员上岗时应当随身携带从业资格证。（　）

46. 道路运输不同性质的危险货物，应按《汽车运输危险货物规则》（JT 617）中的“危险货物配装表”进行配装。（　）

47. 医疗废物，是指医疗卫生机构在医疗、预防、保健以及其他相关活动中产生的具有直接或者间接感染性、毒性以及其他危害性的废物。（　）

48. 医疗废物集中处置单位运送医疗废物，应当遵守国家有关危险货物运输管理的规定，使用有明显医疗废物标识的专用车辆。（　）

49. 医疗废物专用车辆应达到防渗漏、防遗撒以及其他环境保护和卫生要求。（　）

50. 运送医疗废物的专用车辆不得运送其他物品。（　）

51. 道路运输危险废物，必须采取防止污染环境的措施，并遵守国家有关危险货物运输管理的规定。（　）

52. 禁止将危险废物与旅客在同一辆运输工具上载运。（　）

53. 危险废物是指列入国家危险废物名录或者根据国家规定的危险废物鉴别标准和鉴别方法认定的具有危险特性的废物。（　）

54. 从事道路危险货物运输应当保障安全，依法运输，诚实信用。（　）

55. 危险货物可以与普通货物适当混装运输。（　）

56. 道路危险货物运输从业人员应严格按照《汽车运输危险货物规则》（JT 617）、《汽车运输、装卸危险货物作业规程》（JT 618）操作，不得违章作业。（　）

57.《汽车运输、装卸危险货物作业规程》（JT 618）规定，危险货物装卸时的撒漏物和污染物应送到当地环保部门指定地点集中处理。（　）

58. 道路危险货物运输车辆可以超越《道路运输证》的许可范

围(危险货物的类别、项别)进行运输。 (　　)

59. 道路危险货物装卸过程中,装卸管理人员可以根据自己的操作习惯,改变装卸规程和方法。(　　)。

60. 道路危险货物装卸管理人员只要有力气,无须了解危险货物有关知识。 (　　)

二、常见危险货物的分类和相关特性(85 题,其中选择题 45 题、判断题 40 题)

(一)选择题(45 题)

1. 氯气泄漏在空气中会(　　)沿地面扩散,使地面人员受害。

　　A. 沉在下部　　B. 浮在上方

　　C. 沉在下部或浮在上方

2. 当炸药中混入惰性物质(如石蜡、硬脂酸、机油等)时,则其撞击感度降低,危险性也(　　)。

　　A. 降低　　B. 升高　　C. 不变

3. 储、运气瓶应(　　),防止日晒,注意通风散热。

　　A. 防潮　　B. 远离火源　　C. 控制湿度

4. 气体的临界温度(　　),危险性越大。

　　A. 越低　　B. 越高　　C. 越不确定

5. 乙炔钢瓶经火烤以后(　　)。

　　A. 可以继续使用　B. 不能再使用　C. 冷却后再用

6. 氧几乎能与所有的元素化合。油脂在纯氧中的反应要比在空气中剧烈得多,所以氧气瓶(包括空瓶)(　　)。

　　A. 可以与油脂配装

　　B. 允许操作人员穿戴沾有油污的工作服和手套

　　C. 绝对禁油

7. 氢气不能与任何(　　)混储、混运,尤其是不能与氧气、氯气混储、混运。

　　A. 固体　　B. 氧化剂　　C. 液体

8. 氯气是一种(　　),有强烈的刺激气味。

A. 黄绿色的剧毒气体　　B. 红色的气体

C. 绿色的气体

9. 氯气溶于水,常温下1体积水可溶解2.5体积的氯气。氯气瓶漏气时,(　　)或迅速将其推入水池,或用潮湿的毛巾捂住口鼻,以减轻危害。

A. 用砂土掩埋

B. 救援人员任何时候都不用带防毒面具

C. 可大量浇水

10. 氨极易溶于水,有强烈的刺激性气味,能使人窒息死亡,属于有毒气体;氨能与氯气发生剧烈的反应。所以液氯和液氨不能在同一车厢配装,(　　)在同一库房内混储。

A. 可以　　B. 不能

C. 一般情况下可以

11. 液氯和液氨(　　)在同一车厢配装,不能在同一库房内混储。

A. 不能　　B. 可以

C. 大多情况下可以

12. 天然气(含甲烷,液化的),别名液化天然气,天然气(　　)。

A. 有腐蚀性　　B. 极易燃　　C. 不易燃烧

13. 闪点表示易燃液体的易燃程度。液体的闪点越低,易燃性越大,危险性(　　)。

A. 越小　　B. 不变　　C. 越大

14. 液体的沸点越低,越易气化,越易与空气形成爆炸性混合物,其危险性(　　)。

A. 越小　　B. 越大　　C. 不变

15. 易燃液体的温度升高,挥发量增加,易燃易爆性(　　)。

A. 增大　　B. 减小　　C. 不变

16. 液体物质的受热膨胀系数较大,加上易燃液体具有易挥发性,装满易燃液体的容器受热后蒸气压增大,往往会造成容器胀裂而引起液体外溢。因此,易燃液体灌装时容器内应(　　)。

A. 留有足够的膨胀余位　B. 一次性灌满

C. 没有液体外溢即可

17. 汽车罐车运输在灌装时,灌装流速过快极易积聚静电,一旦发生静电放电,就可能引起可燃性蒸气的燃烧爆炸,后果严重。因此装运易燃液体的罐车(　)。

A. 配不配备导除静电的装置都行

B. 必须配备导除静电的装置

C. 不必配备导除静电的装置

18. 易燃液体的蒸气浓度越大,毒性(　　)。

A. 越小　B. 不变　C. 越大

19. 苯是无色透明液体,易挥发,具有芳香气味;易溶于有机溶剂,不溶于水,故(　)用水扑救苯引起的火灾。

A. 不能　B. 能　C. 完全可以

20. 易燃液体的蒸气与空气的混合物可被点燃产生瞬间闪光的最低温度称为(　　)。

A. 闪点　B. 着火点　C. 起爆点

21. 易燃固体同时具备3个条件:燃点低;燃烧迅速;放出有毒烟雾或有毒气体。易燃固体燃点越低,其发生燃烧的可能性和危险性(　)。

A. 恒定不变　B. 越小　C. 越大

22. 易燃固体需明火点燃;易于自燃物质(　　)受热和明火,会自行燃烧;遇水放出易燃气体的物质遇水(包括受湿、酸类和氧化剂)会引起剧烈化学反应,放出可燃性气体和热量。

A. 需要　B. 不需要　C. 有时需要

23. 物质在发生自燃时所需要的最低温度,叫做自燃点。自燃点越低,其发生燃烧的可能性和危险性(　　)。

A. 越大　B. 越小　C. 恒定不变

24. 遇水放出易燃气体的物质在常温或高温下受潮或与水剧烈反应,且反应速度快;遇酸和氧化剂也能发生反应,而且比与水的反应更为剧烈，因此危险性也(　　)。

A. 更大　　B. 更小　　C. 更弱

25. 赤磷着火点比黄磷高得多，易燃(　　)。

A. 且易自燃　　B. 且遇湿自燃　　C. 但不易自燃

26. 黄磷(又称白磷)性质极活泼，暴露在空气中即被氧化，自燃点低，只需一、二分钟即自燃。所以，黄磷必须(　　)，若包装破损出现渗漏，导致黄磷露出液面，就会自燃。

A. 浸没在水中　　B. 浸没在汽油中

C. 浸没在丙酮中

27. 电石(学名碳化钙)为灰色的不规则的块状物，有强烈的吸湿性，能从空气中吸收水分而发生反应，放出(　　)易燃气体。

A. 甲烷　　B. 乙烷　　C. 乙炔

28. 有机过氧化物很不稳定，容易分解，分解时的生成物为(　　)，容易引起爆炸。

A. 易燃气体　　B. 气体　　C. 易燃液体

29. 有机过氧化物(如过氧化甲乙酮)比无机氧化剂(如高锰酸钾)更(　　)分解；分解的产物几乎都是气体或易挥发的物质，再加上易燃性和自身氧化性，分解时易发生爆炸。

A. 容易　　B. 难　　C. 不容易

30. 同属氧化性物质的物品，由于氧化性的强弱不同，相互混合后(　　)引起燃烧。

A. 不能　　B. 不一定　　C. 能

31. 硝酸钾，又称火硝。无色透明晶体或粉末，溶于水。遇热分解放出氧气，当硝酸钾与易燃物质混合后，受热甚至轻微的摩擦冲击也会(　　)。

A. 很安全　　B. 迅速地燃烧或爆炸

C. 很难燃烧

32. 含氰基的化合物叫氰化物，大多数氰化物属(　　)物质。

A. 剧毒　　B. 无毒　　C. 有害

33. 浓硫酸溶于水时，能释放出大量热量。因此，稀释浓硫酸时须十分小心,应该(　　)。

A. 把水缓缓加入浓硫酸中　B. 把浓硫酸缓缓加入水中

C. 把浓硫酸迅速倒入水中

34. 腐蚀性物质本身的化学性质决定了自身各种不同的性质。腐蚀性物质(　　)混储配载。

A. 可以　B. 可以大量地　C. 不可以

35. 酸与碱不可以混装,氧化剂与还原剂(　　)进行配载。

A. 可以　B. 不可以

C. 一般情况下可以

36. 毒性物质的颗粒(　　),越易引起中毒。

A. 越小　B. 越大　C. 越软

37. 毒性物质沸点(　　),越易引起中毒。

A. 越高　B. 越低　C. 越不确定

38. 气温(　　),毒性物质的挥发性越大,同时还会增加毒性物质的溶解度和加剧人体呼吸的次数,从而增加毒害品进入人体的可能性。

A. 越低　B. 越高　C. 越不确定

39. 动物致死所需某毒性物质的摄入量(或浓度)越小,则表示该毒性物质的毒性(　　)。

A. 越大　B. 越小　C. 无法确定

40. 有机毒性物质遇明火、高热或与氧化性物质接触会(　　),燃烧时会放出有毒气体,加剧毒性物质的危险性。

A. 很稳定　B. 燃烧爆炸　C. 很安全

41. 感染性物质(第6.2项)是指(　　),包括生物制品、诊断样品、基因突变的微生物、生物体和其他媒体,如病毒蛋白等。

A. 含有病原体的物质　B. 不含有病原体的物质

C. 特殊情况下含有病原体的物质

42. 感染性物质的运输过程(　　),应注意安全防护。

A. 存在感染性　B. 不存在感染性

C. 大多不存在感染性

43. 遇水反应的腐蚀性物质(如三氧化硫)都能与空气中的水汽发生剧烈反应,并同时放出大量热量。当满载这些物品的容器遇水后,则可能因漏进水滴而猛烈反应,使容器炸裂。所以尽管没有给这些物品贴上“遇潮时危险”的副标志,其防水要求也应和遇水放出易燃气体的物质(第4.3项)(　　)。

A. 有区别　　B. 不同　　C. 相同

44. 某类危险货物除具有主要特性外,还具有一些次要特性,也称为副特性,即次要危险性。危险货物的副特性(　　)酿成大事故。

A. 也会　　B. 不会　　C. 绝对不会

45. 能放射射线的物质称为放射性物质。放射性物质所放出的射线对人体(　　)。

A. 危害较小

B. 产生极大的危害,可致病、致畸、致癌,甚至可致死

C. 没有危害

(二)判断题(40题)

1. 在物质变化过程中,仅是物质的外形或状态发生了变化而没有变成新物质的运动形式,称作化学变化。　(　　)

2. 在物质变化过程中,生成新物质的运动形式,称作物理变化。　(　　)

3. 物质总是以一定的形态而存在的,主要有固态、气态和液态3种形态。　(　　)

4. 一般地,气体的相对密度是以空气为标准的。相对密度大于1的气体会沉在下部地表面。　(　　)

5. 一般地,液体的相对密度是以水为标准的。相对密度小于1的液体会浮在水面上,如汽油。　(　　)

6. 当液体受热而迅速挥发时,如果液面附近的蒸气浓度正好达到其爆炸下限浓度,此时的温度就是闪点。闪点越低危险性越大。　(　　)

7. 在一个大气压下,液体沸腾转化为气体时的温度称为沸点,运输温度不得高于危险货物的沸点。 ( )

8. 某类危险货物只具有本类危险货物的主要特性。例如,腐蚀性物质只具有腐蚀特性。 ( )

9. 有些物质,如萘、樟脑会从固态直接转化为气态,这种现象称为升华。 ( )

10. 在物质变化过程中,仅是物质的外形或状态发生了变化,称作化学变化。 ( )

11. 在物质变化过程中,生成新物质的变化,称作物理变化。 ( )

12. 列入危险货物的氧化物(如三氧化硫)除气体外,大部分都会与水发生反应生成碱或酸或释放出氧。所以,在运输过程中必须注意防水。 ( )

13. 含碳元素的化合物,或碳氢化合物及其衍生物总称为有机化合物。简称有机物。 ( )

14. 有机物的熔点和沸点都较低,在室温下易于挥发,并具有较低的比热和着火温度,这些物理性质是有机物易点燃的原因。 ( )

15. 大多数有机物不溶于水,故用水来扑灭有机物燃烧的火焰通常无效,而应该用二氧化碳、泡沫或卤剂来扑救。 ( )

16. 危险货物是指具有爆炸、易燃、毒害、感染、腐蚀、放射性等危险性,在运输、储存、生产、经营、使用和处置中,容易造成人身伤亡、财产损毁或环境污染而需要特别防护的物质和物品。 ( )

17.《危险货物分类和品名编号》(GB 6944—2005)中,按危险货物具有的危险性或最主要的危险性把危险货物分为 9 个类别。 ( )

18. 危险货物类别和项别的号码顺序并不是危险程度的顺序。 ( )

19.《危险货物分类和品名编号》(GB 6944—2005)把第 1 类

爆炸品划分为6项。（ ）

20.《危险货物分类和品名编号》(GB 6944—2005)中,根据气体在运输中的主要危险性把第2类气体分为2.1项易燃气体、2.2项非易燃无毒气体、2.3项毒性气体。（ ）

21.《危险货物分类和品名编号》(GB 6944—2005)中,第3类易燃液体不分项。（ ）

22.《危险货物分类和品名编号》(GB 6944—2005)中,第4类易燃固体、易于自燃物质、遇水放出易燃气体的物质分为4.1项易燃固体、4.2项易于自燃物质、4.3项遇水放出易燃气体的物质。（ ）

23.《危险货物分类和品名编号》(GB 6944—2005)中,第5类氧化性物质和有机过氧化物分为5.1项氧化性物质、5.2项有机过氧化物。（ ）

24.《危险货物分类和品名编号》(GB 6944—2005)中,第6类毒性物质和感染性物质分为6.1项毒性物质、6.2项感染性物质。（ ）

25.《危险货物分类和品名编号》(GB 6944—2005)中,第7类放射性物质不分项。（ ）

26.《危险货物分类和品名编号》(GB 6944—2005)中,第8类腐蚀性物质不分项。（ ）

27.《危险货物分类和品名编号》(GB 6944—2005)中,第9类杂项危险物质和物品不分项。（ ）

28.每一种危险货物对应一个编号,每一个编号只对应一种危险货物。（ ）

29.每一种危险货物对应一个编号,每一个编号对应一种或一种以上危险货物。（ ）

30.危险货物按其具有的危险程度划分为三个包装类别:I类包装——具有高度危险性的物质;II类包装——具有中等危险性的物质;III类包装——具有轻度危险性的物质。（ ）

31.在《危险货物品名表》(GB 12268—2005)中,可查到表示

危险货物危险程度的包装类别(I、II、III 类)。 (　)

32.《危险货物品名表》(GB 12268—2005)规定,危险货物品名的"编号"采用联合国编号,即 4 位数编号。 (　)

33. 化学爆炸必须同时具备 3 个因素:(1)反应速度快;(2)释放出大量的热;(3)产生大量气体生成物。 (　)

34. 引起某爆炸品爆炸所需的起爆能量越小,该爆炸品的敏感度越高,危险性也越小。 (　)

35. 气体的爆炸范围越大,则其燃烧的可能性越大。 (　)

36. 临界温度低于常温的气体是压缩气体,临界温度高于常温的气体是液化气体。 (　)

37. 氧化性物质本身不一定可燃,但可以放出氧而引起其他物质的燃烧。 (　)

38. 所有的可燃物都是危险货物。 (　)

39. 如果一种危险货物既有主要危险性,也具有比较重要的次危险性,那么在运输此类物质时,应在包装上分别标有主次两种危险性标志。 (　)

40. 当炸药内混入坚硬物质如玻璃、铁屑、砂石等时,则其撞击感度增加,危险性降低。 (　)

三、包装及装卸安全知识(110 题,其中包装知识题 50 题、装卸安全知识题 60 题)

一)危险货物运输包装知识(50 题,其中选择题 30 题、判断题 20 题)

(一)选择题(30 题)

1. 压缩气体和液化气体,处于较高压力下使用的是(　)包装。

A. 玻璃瓶　　B. 耐压钢瓶　　C. 普通铁桶

2. 一般来说,液体货物的包装强度应(　)。

A. 比固体货物的高　　B. 比固体货物的低

C. 和固体货物的一样

3. 下列需要采取严密包装的货物是(　)。

A. 油浸的纸、棉、绸、麻等及其制品
B. 液氧　　C. 双氧水

4. 根据包装性能的要求，严密封口可分为气密封口、牢固封口和（　）3 种。

A. 不透气封口　B. 固态封口　C. 液密封口

5. 国家标准（　）中，有说明货物在装卸、保管、运输、开启时应注意的事项。

A.《危险货物包装标志》（GB 190）
B.《包装储运图示标志》（GB 191）
C.《危险货物运输包装通用技术条件》（GB 12463）

6. 压缩气体和液化气体危险货物的专用包装，其最显著的特点是能承受一定程度的内压力，所以称为（　）。

A. 安瓿瓶　B. 压力容器包装　C. 玻璃瓶

7. 用于盛装危险货物的木桶，一般规定容积不得超过（　），净重不得超过 50 千克。

A. 40 升　B. 50 升　C. 60 升

8. 一般（　）适用于装腐蚀性液体。

A. 胶合板桶　B. 铝桶　C. 铁桶

9. 国际标准的集装箱（20ft、40ft），是以（　）尺寸来划分规格的。

A. 高度　B. 宽度　C. 长度

10. 铁皮箱一般用于盛装（　）。

A. 腐蚀性的液体　B. 黏稠状的液体
C. 块状固体或作销售包装的外包装

11. 运输包装标志是在收货、装卸、搬运、储存保管、送达直至交付的运输全过程中（　）的重要基础。

A. 区别与辨认货物　B. 辨认货物
C. 交付货物

12. 按照《包装储运图示标志》（GB 191）规定，图示表示（　）标志。

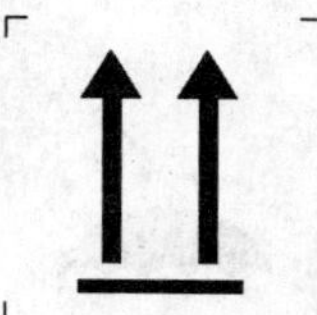

A. 禁止翻滚　　B. 向上　　C. 小心轻放

13. 按照《包装储运图示标志》(GB 191)规定,图示表示(　　)标志。

A. 禁止翻滚　　B. 向上　　C. 易碎物品

14. 按照《包装储运图示标志》(GB 191)规定,图示表示(　　)标志。

A. 禁止手钩　　B. 向上　　C. 小心轻放

15. 按照《包装储运图示标志》(GB 191)规定,图示表示(　　)标志。

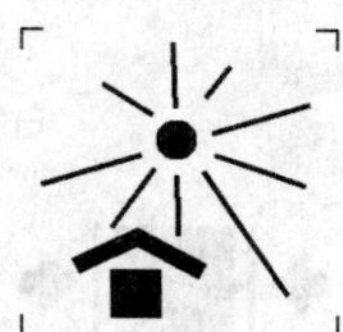

A. 禁止翻滚　　B. 怕晒　　C. 小心轻放

16. 按照《包装储运图示标志》(GB 191)规定,图示表示

(　　)标志。

A. 怕雨　　B. 向上　　C. 小心轻放

17. 按照《包装储运图示标志》(GB 191)规定,图示表示(　　)标志。

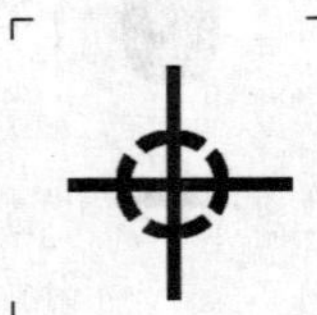

A. 禁止翻滚　　B. 向上　　C. 重心

18. 按照《包装储运图示标志》(GB 191)规定,图示表示(　　)标志。

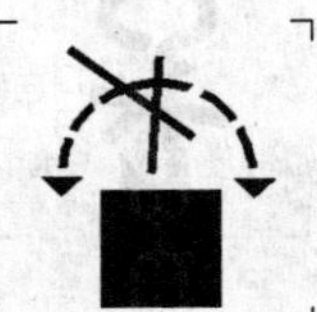

A. 禁止翻滚　　B. 向上　　C. 小心轻放

19. 按照《包装储运图示标志》(GB 191)规定,图示表示(　　)标志。

A. 禁止翻滚　　B. 向上　　C. 由此夹起

20. 按照《包装储运图示标志》(GB 191)规定,图示表示(　　)标志。

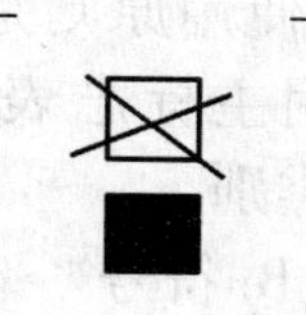

A. 禁止翻滚　　B. 禁止堆码　　C. 小心轻放

21. 按照《包装储运图示标志》(GB 191)规定,图示表示(　　)标志。

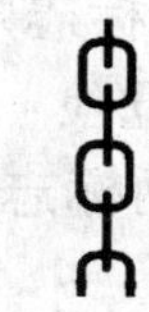

A. 由此吊起　　B. 向上　　C. 小心轻放

22. 按照《包装储运图示标志》(GB 191)规定,图示表示(　　)标志。

A. 禁止翻滚　　B. 向上　　C. 温度极限

23. 危险化学品标志的使用原则是,当一种危险化学品具有一种以上的危险性时,应用主标志表示主要危险性类别,并用副标志来表示(　　)危险性类别。

A. 重要　　B. 全部　　C. 次要

24. 危险化学品标志的使用原则是,当一种危险化学品具有一种以上的危险性时,应用(　　)表示主要危险性类别,并用副标志来表示次要危险性类别。

A. 标志　　B. 主标志　　C. 指示灯

25. 危险化学品标志的使用原则是，当一种危险化学品具有一种以上的危险性时，应用主标志表示主要危险性类别，并用(　　)来表示次要危险性类别。

A. 标志　　B. 符号　　C. 副标志

26. 危险化学品标志的使用原则是，当一种危险化学品具有一种以上的危险性时，应用主标志表示主要危险性类别，并用副标志来表示(　　)类别。

A. 品名　　B. 次要危险性　　C. 加工

27. 道路危险货物运输车辆标志灯上的文字应为(　　)。

A. 化学品　　B. 危险　　C. 危险物

28. 道路危险货物运输车辆标志牌的材质为金属板材，形状为(　　)。

A. 圆形　　B. 三角形　　C. 菱形

29. 危险货物包装的主要作用是(　　)。

A. 使商品美观大方　　B. 便于销售

C. 防止货物泄漏

30. 包装是安全的保障，对货物进行包装并确保其符合国家安全运输的要求是(　　)的责任。

A. 经销商　　B. 货主　　C. 托运人

(二)判断题(20 题)

1. 道路运输爆炸品、剧毒化学品的车辆，应在车辆两侧面厢板几何中心部位附近的适当位置各增加悬挂一块标志牌。(　　)

2. 道路危险货物运输车辆标志是道路危险货物运输车辆区别于其他车辆的主要标示，在危险货物运输过程中起到警示及救援参照作用。(　　)

3. 质检部门应当对危险化学品的包装物、容器的产品质量进行定期的或者不定期的检查。(　　)

4.《道路危险货物运输车辆标志》(GB 13392—2005)规定,道路危险货物运输车辆标志分为标志灯和标志牌两类。 (　　)

5.《道路危险货物运输车辆标志》(GB 13392—2005)规定,车辆载质量不同,标志灯大小尺寸也不同。 (　　)

6.《道路危险货物运输车辆标志》(GB 13392—2005)规定,车辆载质量不同,标志牌大小尺寸也不同。 (　　)

7. 危险货物的衬垫材料应具备缓冲、吸附和缓解作用。 (　　)

8. 具有氧化性的货物,可以使用有机材料作为衬垫。 (　　)

9.《道路危险货物运输车辆标志》(GB 13392—2005)规定,标志灯按安装方式分为磁吸式、顶檐支撑式、金属托架式3种。 (　　)

10. 一般来说,危险性大的货物,单件货物重量要小一些。 (　　)

11. 道路危险货物运输车辆标志牌按《危险货物分类和品名编号》(GB 6944—2005)规定的危险货物的类、项和车辆载质量分型。 (　　)

12. 一种危险货物同时具有两种以上危险性质的,包装上可以只有表明该货物主特性的主标志。 (　　)

13. 一个包装件内装有几种不同性质的危险货物时,这些危险货物的包装标志都应在包装件的外表面上标示。 (　　)

14. 爆炸品的运输包装必须进行专用包装。 (　　)

15. 某种腐蚀品只能用某种材料包装,若某件包装用于一种腐蚀品后,如能重复使用,也只能用于该腐蚀品而不能移作它用。 (　　)

16. 国标《危险货物包装标志》(GB 190)把危险货物包装标志分为主标志和副标志两类。 (　　)

17.《道路危险货物运输车辆标志》(GB 13392—2005)规定,标志灯应该是荧光的,标志牌应该是反光的。 (　　)

18.《包装储运图示标志》(GB 191)中,图示标志名称为"此

处不能卡夹”，表明装卸货物时此处不能用夹钳夹持。（　　）

19.《包装储运图示标志》（GB 191）中，图示标志名称为“禁用叉车”，表明不能用升降叉车搬运的包装件。（　　）

20.《包装储运图示标志》（GB 191）中，图示标志名称为“此面禁用手推车”，表明搬运货物时此面禁放手推车。（　　）

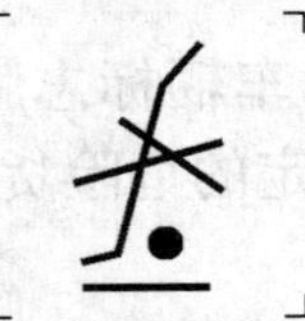

二）装卸安全知识（60 题，其中选择题 30 题、判断题 30 题）

（一）选择题（30 题）

1. 车辆在装运易燃易爆危险货物时，应使用（　　）防护衬垫。

A. 木板或橡胶板　B. 铁板　C. 铜板

2. 道路危险货物运输车辆应具有一些特殊的安全设备，如（　　）。

A. 导静电拖地带　B. 千斤顶　C. 安全带

3. 在装运氧气等强氧化性气体时，应对车厢进行清理，绝对不能在车厢内存留（　　）。

A. 木板、橡胶板　B. 钢索、铁架

C. 油脂或含有油脂的残留物

4. 盛装过危险货物的空容器,未经清洗、消毒处理的,必须按(　)条件办理托运。

A. 原装货物　　B. 普通货物

C. 原装货物或普通货物

5. 道路运输易燃危险货物的作业现场必须严禁烟火,应划定警戒区,一般半径(　)米内不得有热源或明火。

A. 10　　B. 15　　C. 30

6. 装载货物时,高出栏板的最上一层包装件,堆码应从车厢两面向内错位骑缝,超出车厢前挡板的部分不得大于包装件高度的(　)。

A. 1/2　　B. 1/3　　C. 1/4

7. 装运高出栏板的货物,装车后,必须用绳索捆扎牢固,易滑动的包装件,需用两块苫布覆盖货物时,中间接缝处须有大于(　)的重叠覆盖。

A. 10 厘米　　B. 15 厘米　　C. 5 厘米

8. 装卸爆炸品、有机过氧化物、剧毒品时,装卸机具应按小于额定负荷的(　)使用。

A. 90%　　B. 100%　　C. 75%

9. 用两块苫布覆盖车厢内的危险货物时,中间接缝必须(　)。

A. 前苫布压在后苫布上　　B. 后苫布压在前苫布上

C. 前苫布与后苫布可以随意搭接

10. 道路危险货物运输从业人员,在装卸、运输危险货物时(　)。

A. 可以吸烟　　B. 严禁吸烟　　C. 吸不吸烟都行

11. 装卸加入稳定剂的危险货物时,若包装物变形、发热等异常现象,应(　)。

A. 继续装卸　　B. 拒绝装卸　　C. 协商装卸

12. 道路危险货物运输车辆停靠货垛时,应听从作业区指挥人员的指挥,车辆与货垛之间要(　)。

A. 留有人行通道　B. 留有安全距离　C. 紧靠

13. 装车完毕后车辆起步前,(　　)应对货物的堆码、遮盖、捆扎等安全措施及对影响车辆起动的不安全因素进行检查,确认无不安全因素后,方可起步。

A. 驾驶人员　B. 押运人员　C. 装卸管理人员

14. 装运液化石油气的罐车,当罐车内温度达到(　　)时,应采取遮阳或罐外冷水降温措施。

A. 30℃　B. 40℃　C. 50℃

15. 装载易燃液体罐车必须配备不少于(　　)个与所装载液体危险货物相适应的灭火器或有效的灭火设施。

A. 1　B. 4　C. 2

16. 罐车装卸时,现场人员应站在(　　)处,密切注视进料情况,防止货物溢出。

A. 上风　B. 下风　C. 上风下风均可

17. 各种易燃气体压力罐车装卸时,应检查管道接头、仪表、泄压阀等安全装置的情况良好,并接通(　　)装置。

A. 导除静电　B. 电路　C. 油路

18. 集装箱装箱作业前应进行检查,确认集装箱技术状态良好并清扫干净,应(　　)。

A. 去除无关标志、标记和标识

B. 先装普货再装危货　C. 先装危货再装普货

19. 液化石油气装卸作业前应接好(　　),以保障作业安全。

A. 灯光　B. 导除静电装置　C. 喇叭

20. 装卸危险货物过程中,需要移动车辆,应先(　　),在保证安全的情况下,才能移动。

A. 进食　B. 休息

C. 关上车厢门或栏板

21. 道路危险货物运输罐车卸货前,应确认所卸货物与贮罐所标货物名称是否(　　)。

A. 相似　B. 相符　C. 不同

22. 散装煤焦油沥青在高温季节应在(　　)时间段进行运输装卸作业。

A. 中午　　B. 早晚　　C. 吃饭

23. 装运腐蚀性物质的车厢和装卸工具不得沾有(　　)。

A. 玻璃碴　　B. 砂土　　C. 氧化性物质

24. 道路危险货物运输的车辆应按(　　)驶入装卸作业区。

A. 个人习惯　　B. 任意路线

C. 装卸作业的有关安全规定

25. 装卸人员在装卸危险货物时,发现有包装破损的危险货物,应(　　)。

A. 继续装运　　B. 拒绝装运　　C. 商量装运

26. 装卸易燃易爆危险货物的作业场所应有(　　)和避雷装置。

A. 加温　　B. 防静电　　C. 冷却

27. 装卸电石时,不宜在(　　)环境下作业。

A. 高温　　B. 夜晚　　C. 潮湿

28. 危险货物装车时,必须进行(　　)。

A. 开封检验　　B. 核查登记　　C. 过磅秤重

29. 道路危险货物装卸完毕后,作业现场应(　　)。

A. 保持原样　　B. 清扫干净　　C. 加大照明

30. 装卸易燃液体危险货物时,不准(　　)。

A. 桶口朝上　　B. 箱口朝上　　C. 撞击、摩擦

(二)判断题(30 题)

1. 装卸氧化性物质或有机过氧化物时,应根据装卸工具和场地的操作规程,防止货物剧烈震动、摩擦。(　　)

2. 为方便随时移车,装卸危险货物时车辆发动机必须始终保持运转状态。(　　)

3. 为保证照明,道路危险货物装卸场所的照明灯具一般选用较大瓦数的白炽灯。(　　)

4. 凡重复使用的包装，所装货物必须与原装货物无抵触。（ ）

5. 装车前发现危险货物包装破损，应由发货人调换包装或修理加固后，方可运输。（ ）

6. 被危险货物污染过的车辆和工具必须洗刷消毒。（ ）

7. 装卸易撒漏、易飞扬的散装粉状危险货物时，应用苫布垫盖，必要时洒水润湿后方可装卸。（ ）

8. 装卸爆炸品应轻拿轻放，严防跌落、摔碰、撞击、拖拉、翻滚、投掷和倒置等。（ ）

9. 装运氧气瓶应横向放置平稳，气瓶头部朝向一方，最上一层超过栏板高度时应捆扎牢固。（ ）

10. 新液化气体罐车或检修后首次充装的罐车，允许直接充装，但需特别谨慎。（ ）

11. 装运易燃液体的新罐车，可以不配备静电导除装置。（ ）

12. 盛装易燃液体的钢桶，不得从高处翻滚溜放卸车。装卸时应采取措施防止产生火花，周围需有人员接应，严防钢桶撞击致损。（ ）

13. 撒漏的易燃固体，收集的残留物不能任意排放、抛弃，而应置于原包装内。（ ）

14. 车辆停靠货垛时，应听从作业区指挥人员的指挥，待装、待卸车辆与装卸货物的车辆应保持足够的安全距离，不准堵塞安全通道。（ ）

15. 装运危险货物的集装箱专用车辆，必须配备有效的紧固装置，其紧固装置必须牢固安全、有效。（ ）

16. 集装箱装运危险货物，应考虑危险货物化学性质的抵触性、敏感性。在同一箱体内可适当装入性质相抵触的危险货物。（ ）

17. 在装卸毒性物质时，装卸管理人员不能在货物上坐卧、休息，不能用衣袖擦汗。（ ）

18. 道路运输易燃易爆危险货物的车辆车厢为铁质底板的,应当采取衬垫防护措施,如铺垫木板、胶合板、橡胶板等。(　　)

19. 装卸氧化性物质和有机过氧化物时,车厢内不得有任何酸类及煤屑、木屑、硫磺、磷等可燃物的残留物,车厢必须干净。(　　)

20. 道路危险货物运输车辆装卸完散装液体后,应将装卸管道内剩余的液体清扫干净;可采用泵吸或氮气清扫易燃液体装卸管道。(　　)

21. 装卸液化石油气时,驾驶人员可以随意启动车辆。(　　)

22. 装卸爆炸品时,严禁使用会产生火花的工具、机具。(　　)

23. 危险货物装卸作业和一般货物装卸作业的要求完全相同。(　　)

24. 安全装卸是指装卸管理人员只需要把货物按规定数量进行装卸。(　　)

25. 气瓶直立运输比水平运输更安全、更有效。道路运输气瓶时,应尽量采用直立运输。(　　)

26. 在任何情况下,均可在装卸作业区内维修道路运输危险货物车辆。(　　)

27. 卸完汽油的油罐车,可以随时动火修理。(　　)

28. 道路运输燃油罐车卸油时,应确认所卸油品与储油罐所储的油品种类相同时,方可缓慢开启卸油阀门。(　　)

29. 气瓶卸货时,不得溜放或摔掼。(　　)

30. 不具备防雨雪条件的车辆和场所,不准进行遇水放出易燃气体的危险货物运输作业。(　　)

四、运输危险货物车辆的基本要求(40 题,其中选择题 20 题、判断题 20 题)

(一)选择题(20 题)

1. 运输(　　)时,车辆的排气管必须安装阻火器和导静电拖地带。

A. 毒性物质　　B. 易燃物品　　C. 腐蚀性物质

2.《道路危险货物运输管理规定》要求道路运输爆炸、强腐蚀性危险货物罐式专用车辆的罐体容积不得超过(　　)立方米。

A. 10　　B. 20　　C. 40

3.《道路危险货物运输管理规定》要求道路运输剧毒、爆炸、强腐蚀性危险货物的非罐式专用车辆，核定载质量不得超过(　　)吨。

A. 10　　B. 20　　C. 40

4. 道路运输易燃危险货物的车辆，应具有一些特殊的安全设施，如(　　)。

A. 熄灭火星装置　　B. 千斤顶　　C. 安全带

5. 道路运输遇水放出易燃气体物质的车辆，必须具备有效的(　　)设备。

A. 防静电拖地带　　B. 防水　　C. 加热

6. 压力专用罐车的罐体必须每年定期进行(　　)次检验。

A. 2　　B. 3　　C. 1

7.《道路危险货物运输管理规定》要求，(　　)只能运输散装硫磺、萘饼、粗蒽、煤焦沥青等危险货物。

A. 货车列车　　B. 厢式汽车　　C. 倾卸式汽车

8. 罐车压力表每隔(　　)个月至少检验一次，损坏或失灵后，应予以更换。

A. 4　　B. 5　　C. 6

9. 经检验合格的道路危险货物运输罐车压力表，应有铅封和(　　)。

A. 检验合格证　　B. 销售合格证　　C. 出厂合格证

10. 运油车罐体两侧要有明显的(　　)字样。

A. 严禁烟火　　B. 注意安全　　C. 保持距离

11. 运输爆炸品、剧毒化学品的车辆，应在车辆两侧各增加一块标志牌，悬挂位置一般(　　)。

A. 居前　　　　B. 居中　　　　C. 居后

12. 道路危险货物车辆标志灯应安装在(　　)位置。

A. 驾驶室顶部中间　　　B. 驾驶室顶部左侧

C. 驾驶室顶部右侧

13. 在有坡度的场地装卸危险货物时,应采取防止车辆(　　)的有效措施。

A. 熄火　　　　B. 溜坡　　　　C. 温升

14. 装运大型气瓶的车辆必须配置活络插桩、三角垫木、(　　)等工具。

A. 紧绳器　　　　B. 苫布　　　　C. 麻袋

15. 道路运输医疗废弃物应使用(　　)。

A. 罐式车辆　　　　B. 栏板货车　　　　C. 厢式货车

16. 道路运输遇水放出易燃气体的固体,应使用(　　)运输。

A. 栏板货车　　　　B. 厢式货车　　　　C. 罐式车辆

17. 受压专用罐车适用于运输(　　)、丙烯、丙烷,及低温的液氧、液氮等。

A. 酒精　　　　B. 油漆　　　　C. 液化石油气

18. 常压专用罐车可运输(　　)液体危险货物。

A. 硫酸　　　　B. 液化气　　　　C. 液氨

19. 运输剧毒液体的罐车,装卸时应配备抽吸式或增压式装置,该装置应设在罐体(　　)。

A. 下部　　　　B. 上部　　　　C. 底部

20. 危险货物装卸完毕,作业场所必须彻底清扫干净,受到危险货物污染的车辆、工具(　　)。

A. 不需进行相关处理　　　B. 必须洗刷和除污

C. 可以随意处理

(二)判断题(20 题)

1. 装运易燃液体时,车厢内不得有氧化性物质、自燃物品、强碱等残留物。　(　　)

2. 爆炸品、遇水放出易燃气体的物质、固体剧毒物品、感染性

物质、放射性物品和有机过氧化物应使用厢式货车运输。( )

3. 道路运输腐蚀性液体、剧毒液体、易燃液体应使用专用罐车。( )

4. 装有危险货物的专用容器可使用栏板货车运输。( )

5. 道路运输易燃易爆危险货物时,车辆必须安装火花熄灭器,以确保运输安全。( )

6. 道路运输容易升华、挥发出易燃、有害或刺激性气体的危险货物时,应保持车厢封闭良好。( )

7. 因铁质容器坚固,可以有效保护货物不受损坏,故所有危险货物均应用其包装。( )

8. 大部分易燃易爆液体货物装运时会在罐内晃动、与罐体内壁接触面积增大,极易产生静电,应急时排除。因此,其运输车辆必须将导静电拖地带拖地,但空车时可以不接导静电拖地带。

( )

9. 利用拖地橡胶带中的金属导体与地面接触,可以及时排除静电,以达到安全运输的目的。( )

10. 栏板车辆车厢底板必须平整完好,周围栏板必须牢固,周围没有栏板的车辆,可临时装运危险货物。( )

11. 道路危险货物运输罐体一侧的适当部位,喷写"罐体下次检验日期:××××年××月"字样,以提示到期进行强制性检测。( )

12. 道路危险货物运输车辆可以随意改装,以便有利于运输。

( )

13. 罐体改装其他液体,必须经过清洗和安全处理,其污水应排入下水道内。( )

14. 道路运输液体危险货物,可以使用移动罐体车辆运输。

( )

15. 厢式货车适宜运输爆炸品、遇水放出易燃气体、氧化性物质及毒性物质等危险货物,在运输中能防止危险货物货损、货差和丢失;能起到防雨、防雷等保护作用。( )

16. 罐式集装箱运输车辆主要用于运输固体危险货物。 ( )

17. 控温厢式货车多数从事腐蚀性物质的运输。 ( )

18. 罐式货车是将罐体固定在载货汽车的底盘上。罐体也可与车辆分离。 ( )

19. 拖挂罐体车是将罐体永久固定在挂车上,与挂车不可分离,牵引车与挂车可分离。 ( )

20. 只要技术等级为一级的营运车辆,就可进行道路危险货物运输。 ( )

五、常见危险货物应急处理措施(110 题,其中选择题 65 题、判断题 45 题)

(一)选择题(65 题)

1. 道路运输汽油的车辆着火时,不能使用( )灭火剂。

A. 水　　B. 二氧化碳　　C. 泡沫

2. 储运金属钠时,通常将其放入煤油或石蜡等矿物油中,主要是为了( )。

A. 防止碰撞　　B. 防止被盗

C. 防止与空气中的氧和钠接触

3. 金属钠遇水时发生剧烈反应并释放大量氢气而造成火灾,此类火灾只能用下列( )灭火。

A. 二氧化碳灭火剂　　B. 水

C. 砂土

4. 当爆炸物品发生大量撒漏时,应( )方式处理。

A. 用土覆盖就地掩埋

B. 用水湿润,撒以锯末或棉絮等松软物收集后,报请公安或消防人员处理

C. 收集起来,重新放入包装容器中

5. 正确处理易燃液体泄漏的方式是( )。

A. 用水冲刷至地沟、下水道或河流中

B. 用火点燃使之燃烧完　　C. 用松软材料吸附后集中

6. 火灾发生的三大要素是(　　)。

A. 着火源、可燃物、助燃物

B. 空气、热量、可燃物　　C. 电源、空气、热

7. 不属于着火源的是(　　)。

A. 摩擦　　B. 静电　　C. 太阳光

8. 当(　　)着火时,禁止使用砂土覆盖。

A. 散装爆炸品　　B. 汽油　　C. 硫酸

9. 当(　　)着火时,禁止用水灭火。

A. 碳化钙(电石)　　B. 红磷　　C. 硫磺

10. 运输易燃气体途中遇有火情须迅速扑救,应将未着火的气瓶迅速移至安全处;对已着火的气瓶应使用大量(　　)喷洒在气瓶上,使其降温冷却。

A. 雾状水　　B. 热水　　C. 碱性水

11. 道路运输易燃液体,车上人员不准(　　),车辆不得接近明火及高温场所。

A. 吸烟　　B. 进食　　C. 喝水

12. 当(　　)燃烧时会产生剧毒的五氧化二磷等气体,扑救时应穿戴防护服和防毒面具。

A. 黄磷　　B. 铝粉　　C. 萘

13. 当(　　)着火后,被水扑灭只是暂时熄灭,残留物待水分挥发后又会自燃。

A. 萘　　B. 铝粉　　C. 黄磷

14. 当(　　)着火时,可用水灭火。

A. 汽油　　B. 苯　　C. 硫磺

15. 当(　　)着火时,不得用水作为灭火剂。

A. 铝粉　　B. 硫磺　　C. 萘

16. 镁粉发生火灾时,应使用(　　)灭火。

A. 水　　B. 特殊干粉　　C. 二氧化碳

17. 氧化性物质撒漏后,应使用(　　)工具来收集处理。

A. 惰性材质　　B. 金属　　C. 纸质

18. 运输盛装碳化钙(电石)的钢桶中通常充入(　　)稳定剂,确保运输安全。

A. 水　　B. 煤油　　C. 氮气

19. 毒性物质氰化物发生火灾时,应用(　　)扑救。

A. 水　　B. 酸碱灭火剂　　C. 泡沫灭火剂

20. 爆炸品通常采用(　　)灭火。

A. 水冷却法　　B. 窒息法或隔离法　　C. 砂土覆盖法

21. 电石颗粒溅入眼睛内,应先用蘸(　　)或植物油的棉签去除颗粒后,再用水冲洗。

A. 石蜡油　　B. 机油　　C. 煤油

22. 化学品事故的特点是发生突然、持续时间长、(　　)、涉及面广等。

A. 扩散迅速　　B. 迅速聚集　　C. 人员伤亡多

23. 道路危险货物装运中,酒精的主要危害是(　　)。

A. 助燃　　B. 易燃　　C. 刺激

24. 液体危险货物装卸作业时,应使用(　　)保护面部。

A. 太阳镜　　B. 防护面罩　　C. 毛巾

25. 扑救(　　)危险货物火灾时,扑救人员应先关闭管道或容器阀门,阻止其继续外溢,扩大灾情。

A. 液体　　B. 固体　　C. 粉状

26. 扑救(　　)危险货物火灾时,扑救人员应先关闭管道或容器阀门,阻止其继续外泄,扩大灾情。

A. 固体　　B. 气体　　C. 粉状

27. 大部分有毒气体能溶解于水,遇有泄漏时,若无法控制,可将气瓶推入(　　),并及时通知相关管理部门处理。

A. 水中　　B. 路边　　C. 无人的地方

28. 从业人员进入危险货物作业现场,开启仓库、集装箱和封闭式车厢时要先(　　),以保障作业安全。

A. 搬运　　B. 装卸　　C. 通风排气

29. 硫磺在燃烧时产生(　　)和刺激性气体,扑救时须注意带好防毒面具。

A. 有毒　　　　B. 剧毒　　　　C. 碱性

30. 堆码货物时，桶口、箱盖一般应朝上。允许横倒的桶口及袋装货物的袋口应(　　)。

A. 朝里　　　　B. 朝外

C. 朝里朝外都行

31. 遇热、遇潮容易引起燃烧、爆炸或产生有毒气体的危险货物，在装运时应采用(　　)措施。

A. 隔热、防潮　　　　B. 密封　　　　C. 防尘

32. 从业人员装卸、运输毒性物质前后，禁止(　　)。

A. 喝水　　　　B. 进食　　　　C. 饮酒

33. 装运(　　)时，应先了解包装桶内有无充填保护气体。

A. 碳化钙(电石)　B. 汽油　　　　C. 乙醇

34. 运输中发现有毒气体气瓶漏气时，根据(　　)做好相应的人身防护措施。

A. 气体性质　　B. 气体质量多少　C. 车辆类型

35. 在道路危险货物运输中的任何情况，雷管和炸药都(　　)。

A. 可以同车装运　B. 不得同车装运　C. 没有装运限制

36. 在任何情况下，装卸危险货物时，运输雷管和炸药的两辆车都(　　)。

A. 不可以同时在同一场地进行装卸

B. 可以同时在同一场地进行装卸

C. 不受限制地进行装卸

37. 从业人员使用起重机装卸大型气瓶或罐式集装箱时，必须(　　)。

A. 穿好防护工作服　　B. 戴好防毒面具

C. 戴好安全帽

38. 易于自燃物质灭火时一般可用(　　)灭火。

A. 干粉灭火剂、砂土和二氧化碳

B. 水　　　　　　　　　　　C. 碱性水

39. 装运易燃液体的道路危险货物运输车辆若发生故障,在维修时应严格控制(　　)。

A. 夜晚作业　　　B. 明火作业　　　C. 中午作业

40. 有机过氧化物、金属过氧化物着火时,可用(　　)扑救。

A. 水　　　　　　B. 泡沫灭火剂　　C. 砂土或干粉

41. 氰化物遇酸性物质能生成剧毒气体氢化氰,着火时,不得用(　　)扑救。

A. 酸碱灭火剂　　B. 水　　　　　　C. 砂土

42. 当酸性危险货物大量泄漏后,应首先采用(　　)处理。

A. 大量水稀释　　B. 碱性物质中和　C. 火点燃

43. 从业人员装运毒性物质时,如果皮肤破伤,(　　)。

A. 应继续作业,完工后进行处理

B. 应立即停止作业,并进行必要的医疗处理

C. 无需作任何处理

44. 装运氧化性物质和有机过氧化物时,若发生包装破损,撒漏物(　　)。

A. 不得装入原包装内,必须另行处理

B. 可装入原包装内,继续装运

C. 应立即点燃

45. 装运的硫酸粘到手上后,应立即用(　　)清洗。

A. 清水　　　　　B. 酒精　　　　　C. 汽油

46. 从火场上救出的气瓶,如没有发生泄漏等情况,待(　　)可以继续运输。

A. 冷却后　　　　B. 加热后　　　　C. 泄漏完

47. 装卸腐蚀性物质的现场,应依据货物特性备有(　　)或苏打水、稀酯酸,以备急救。

A. 制冷装置　　　B. 加温装置　　　C. 水源

48. 装卸气瓶时,在同一车箱内不准有(　　)人以上同时往车上装瓶。

A. 2　　B. 4　　C. 3

49. 道路运输甲醇的车辆发生阀门泄漏时，首先应(　　)，再通知本单位或有关部门。

A. 通知就近单位　　B. 通知运管部门

C. 采取有效封堵措施

50. 易燃液体装卸始末，管道内流速不得超过(　　)。

A. 2 米/秒　　B. 4 米/秒　　C. 1 米/秒

51. 易燃液体正常装卸作业中流速不宜超过(　　)。

A. 2 米/秒　　B. 3 米/秒　　C. 4 米/秒

52. 装运酒精的车辆着火时，应采用(　　)灭火。

A. 普通泡沫灭火剂　B. 细砂　　C. 水

53. 道路运输危险货物从业人员的头部受到毒性物质污染时，首先应注意(　　)。

A. 打电话求援　　B. 用大量清水冲洗

C. 用毛巾擦抹干净

54. 道路运输硫酸的车辆着火时，应采用(　　)灭火。

A. 强大水流　　B. 雾状水　　C. 泡沫灭火剂

55. 道路运输硝酸的车辆着火时，应采用(　　)灭火。

A. 雾状水　　B. 强大水流　　C. 泡沫灭火剂

56. 危险货物金属钾着火时，应采用(　　)灭火。

A. 雾状水　　B. 砂土、干粉、二氧化碳

C. 普通泡沫灭火剂

57. 危险货物乙炔着火时，采用(　　)灭火。

A. 砂土　　B. 干粉　　C. 碱性水

58. 危险货物二硫化碳发生小量泄漏时，可用(　　)。

A. 火点燃　　B. 水稀释　　C. 砂土吸收

59. 危险货物甲醇着火时，应采用(　　)灭火。

A. 酸性水　　B. 水　　C. 干粉

60. 危险货物粗制萘发生小量撒漏时，可用(　　)。

A. 风吹　　B. 干燥罐收集　　C. 砂土掩埋

61. 装卸硫磺时,不小心皮肤接触,可用(　　)处理。

A. 水冲洗　　B. 酸清洗　　C. 汽油冲洗

62. 危险货物铝镁粉着火时,应用(　　)灭火。

A. 水　　B. 砂土　　C. 二氧化碳泡沫

63. 危险货物硫磺粉着火时,可采用(　　)。

A. 雾状水扑救　　B. 加压水冲击

C. 酸性加压水冲击

64. 危险货物精萘着火时,宜用(　　)灭火。

A. 雾状水　　B. 加压水冲击　　C. 泡沫灭火剂

65. 当爆炸物品发生撒漏时,(　　)将收集的撒漏物重新装入原包装内。

A. 可以　　B. 一般情况下可以

C. 绝对不允许

(二)判断题(45 题)

1. 乙炔气和氧气不能混装和混储。　(　　)

2. 氨气和氯气可以混装和混储。　(　　)

3. 毒性物质主要是通过呼吸道、皮肤和消化道进入人体内,因此在装运过程中应重点防止上述 3 项传播途径。　(　　)

4. 任何一种危险化学品发生火灾时均可用水施救。　(　　)

5. 燃烧可能产生毒性物质的危险货物着火时,应佩戴防毒面具,站在上风口进行扑救。　(　　)

6. 大部分固态或液体氧化物遇水会发生化学反应并释放出氧气,故在装运过程中要特别注意防水。　(　　)

7. 在装运易燃液体过程中最主要的危险是易挥发的蒸气易与空气混合,引发燃烧和爆炸。　(　　)

8. 在装运易于自燃物质时,要注意避免这类物品与空气接触。　(　　)

9. 装运易燃气体中,若发生燃烧,在灭火同时应迅速将未着火气瓶运至空旷安全处,并用大量水喷淋冷却气瓶,以防止灾害扩大。　(　　)

10. 装运危险货物过程中，若易燃液体发生燃烧，都应立即用大量水进行喷淋灭火。 （ ）

11. 装卸遇水或酸产生剧毒气体的易燃固体时，必须为装卸人员配备防毒面具。 （ ）

12. 道路运输易燃易爆危险货物时，不能在车辆附近随意使用明火。 （ ）

13. 道路危险货物车辆夏季运输气体钢瓶时，当气瓶内的温度可能高于40°C时，应对瓶体实施遮阳、冷水喷淋、降温等措施。 （ ）

14. 装运爆炸品时，无外包装的金属桶只能单层摆放，以免压力过大或撞击摩擦引起爆炸。 （ ）

15. 对毒性物质的撒漏物不能任意乱丢或排放，以免扩大污染甚至造成不可估量的危害。 （ ）

16. 爆炸品着火时，也可采用窒息法或隔离法灭火。 （ ）

17. 若用水洗刷腐蚀性物质撒漏现场时，不能用水直接喷射，只能缓慢的浇洗或用雾状水喷淋，以防水珠飞溅伤人。 （ ）

18. 道路运输气体的罐车装卸作业时，应按指定位置停车，发动机正常工作，实施驻车制动。 （ ）

19. 突遇雷击、暴风雨天气，当液化气体罐车正进行充灌时，应加快灌装完毕，尽快驾离到安全地带。 （ ）

20. 易燃液体的蒸气与空气能形成爆炸性混合物，遇明火会发生燃烧爆炸，应注意安全作业。 （ ）

21. 装运易燃液体的从业人员不得随身携带火种，可穿着一般工作服和工作鞋。 （ ）

22. 装卸易燃液体的罐车时，导除静电装置应接地良好。 （ ）

23. 夏季高温季节装运易燃液体时，应按有关部门和当地规定的作业时间进行作业，确保安全。 （ ）

24. 扑灭易燃液体着火的最有效方法，是采用泡沫、二氧化碳、干粉灭火剂进行扑救。 （ ）

25. 道路运输易燃液体一旦发生撒漏时,最有效的方法是用水稀释处理。 ( )

26. 易挥发出易燃、有害及刺激性气体的危险货物装卸作业现场,应保持良好通风,防止中毒和燃烧爆炸。 ( )

27. 在雨雪天装运遇水放出易燃气体的物质,车辆必须配备有效的防水设施,不具备条件的车辆不得装运。 ( )

28. 遇水反应的易燃固体着火时,不得用水灭火,应采用干砂、干粉灭火剂进行扑救。 ( )

29. 对火灾中抢救出来的赤磷要谨慎处理,因为赤磷在高温下会转化为黄磷,变成自燃物品。 ( )

30. 遇水放出易燃气体的危险货物着火时,应用干砂、干粉灭火剂进行灭火。 ( )

31. 遇水反应产生易燃或有毒气体的危险货物着火时,可使用泡沫灭火剂扑救。 ( )

32. 扑救遇水反应产生剧毒、腐蚀性气体的危险货物火灾时,应穿戴防护用品和自给式呼吸器。 ( )

33. 有机过氧化物、金属过氧化物着火时,可用水进行扑救。 ( )

34. 装卸氧化剂过程中,若发生撒漏,应轻轻扫起撒漏物,重新包装,可以同车发运。 ( )

35. 装运毒性物质,必须携带劳动防护用品及防散失、防雨等工、属具。 ( )

36. 考虑到气瓶在装卸、运输过程中会发生碰撞,气瓶设计了足够的强度,因此在装卸时可以溜放,而不会发生任何问题。 ( )

37. 大部分毒性物质着火时,能产生有毒和刺激性气体及烟雾。扑救时,应尽可能站在上风处,戴好防毒面具。 ( )

38. 对毒性物质的撒漏物不能任意处理,以免扩大污染甚至造成不可估量的危害。 ( )

39. 撒漏的液体毒性物质,应用砂土、锯末等松软物浸润、吸

附收集后，盛入容器中，可将其交付运输管理部门处理。（　　）

40. 放射性货物可以同其他危险货物同车装运。（　　）

41. 酒精能缓解毒性物质引起的人体病态症状，所以饮酒可作为抢救毒性物质中毒的措施。（　　）

42. 道路运输腐蚀性物质前，应认真检查货物包装和容器封口情况，严禁装运无外包装的腐蚀性物质。（　　）

43. 由于爆炸品不忌雨水，因此雷雨天气也可以继续进行装卸作业。（　　）

44. 从火场上救出的气瓶，如没有发生泄漏等情况，可以继续运输。（　　）

45. 液体腐蚀性物质撒漏时，应用干砂、干土覆盖吸收，打扫干净后，再用水洗刷污染处。（　　）

附录一　道路危险货物运输从业人员培训教学计划

一、培训目的

通过培训,使道路危险货物运输从业人员了解我国有关道路危险货物的法律、法规和技术标准方面的基本知识;熟悉所运危险货物的安全知识;掌握常见危险货物的基本常识;熟练使用道路危险货物运输应急预案。

二、课程设置及基本要求

(一)课程内容

1. 基础知识篇

(1)概述;

(2)道路危险货物运输法规及标准简介;

(3)道路危险货物运输管理;

(4)危险货物的分类与相关特性;

(5)《危险货物品名表》及其适用;

(6)危险货物包装常识;

(7)道路危险货物运输托运及承运;

(8)道路危险货物运输事故应急预案。

2. 驾驶人员篇

(1)道路危险货物运输驾驶人员基本要求;

(2)道路危险货物运输车辆基本要求;

(3)道路危险货物运输安全及事故应急措施;

(4)道路危险货物运输事故典型案例分析。

3. 押运人员篇

(1)概述;

(2)道路危险货物运输押运安全及事故应急措施;

(3)道路危险货物运输押运事故典型案例分析。

4. 装卸管理人员篇

(1)概述;

(2)道路危险货物运输装卸条件及基本要求;

(3)道路危险货物运输装卸安全及事故应急措施;

(4)道路危险货物运输装卸事故典型案例分析。

5. 新技术应用推广篇

(1)"悍士防御性驾驶技术"——三层空间驾驶法;

(2)道路危险货物运输车辆安全实时监控管理系统;

(3)车辆抢险救援无火花堵漏技术;

(4)道路集装箱运输的产生、发展与新产品;

(5)HAN 阻隔防爆运油(气)槽车;

(6)罐车用内置式安全止流底阀。

(二)基本要求

(1)驾驶、押运和装卸管理人员要熟知道路危险货物运输基础知识;重点了解道路危险货物运输包装常识和有关法规、标准;了解道路危险货物运输管理知识;掌握《危险货物品名表》及其适用,掌握道路危险货物运输的托运与承运,掌握危险运输货物事故应急预案的事项。

(2)驾驶人员要掌握道路危险货物运输车辆基本要求;熟知道路危险货物运输安全及事故应急措施。

(3)押运人员要掌握道路危险货物押运基本要求;熟知道路危险货物押运安全及事故应急措施。

(4)装卸管理人员要掌握危险货物装卸机具基本要求;熟知危险货物运输车辆及设备特殊要求和危险货物运输装卸基本要求;熟知各类危险货物运输装卸安全及事故应急措施;熟知散装危险货物和集装箱危险货物运输装卸安全。

(5)了解在道路危险货物运输行业中,常用的一些先进技术和产品。

三、课时安排

<table>
<tr><th>篇 章</th><th>内 容</th><th>驾驶人员</th><th>押运人员</th><th>装卸管理人员</th></tr>
<tr><td>第一篇</td><td>基础知识篇</td><td>16</td><td>16</td><td>16</td></tr>
<tr><td>第一章</td><td>概述</td><td rowspan="2">(6)</td><td rowspan="2">(6)</td><td rowspan="2">(6)</td></tr>
<tr><td>第二章</td><td>道路危险货物运输法规及标准简介</td></tr>
<tr><td>第三章</td><td>道路危险货物运输管理</td><td>(2)</td><td>(2)</td><td>(2)</td></tr>
<tr><td>第四章</td><td>危险货物的分类与相关特性</td><td>(2)</td><td>(2)</td><td>(2)</td></tr>
<tr><td>第五章</td><td>《危险货物品名表》及其适用</td><td>(2)</td><td>(2)</td><td>(2)</td></tr>
<tr><td>第六章</td><td>危险货物运输包装常识</td><td>(1)</td><td>(1)</td><td>(1)</td></tr>
<tr><td>第七章</td><td>道路危险货物运输托运及承运</td><td>(2)</td><td>(2)</td><td>(2)</td></tr>
<tr><td>第八章</td><td>道路危险货物运输事故应急预案</td><td>(1)</td><td>(1)</td><td>(1)</td></tr>
<tr><td>第二篇</td><td>驾驶人员篇</td><td>8</td><td></td><td></td></tr>
<tr><td>第一章</td><td>道路危险货物运输驾驶人员基本要求</td><td>(2)</td><td></td><td></td></tr>
<tr><td>第二章</td><td>道路危险货物运输车辆基本要求</td><td>(2)</td><td></td><td></td></tr>
<tr><td>第三章</td><td>道路危险货物运输安全及事故应急措施</td><td>(2)</td><td></td><td></td></tr>
<tr><td>第四章</td><td>道路危险货物运输事故典型案例分析</td><td>(2)</td><td></td><td></td></tr>
<tr><td>第三篇</td><td>押运人员篇</td><td></td><td>8</td><td></td></tr>
<tr><td>第一章</td><td>概述</td><td></td><td>(2)</td><td></td></tr>
<tr><td>第二章</td><td>道路危险货物运输押运安全及事故应急措施</td><td></td><td>(4)</td><td></td></tr>
<tr><td>第三章</td><td>道路危险货物运输押运事故典型案例分析</td><td></td><td>(2)</td><td></td></tr>
<tr><td>第四篇</td><td>装卸管理人员篇</td><td></td><td></td><td>8</td></tr>
<tr><td>第一章</td><td>概述</td><td rowspan="2"></td><td rowspan="2"></td><td rowspan="2">(4)</td></tr>
<tr><td>第二章</td><td>道路危险货物运输装卸条件及基本要求</td></tr>
</table>

续上表

篇　章	内　　容	驾驶人员	押运人员	装卸管理人员
第三章	道路危险货物运输装卸安全及事故应急措施			（4）
第四章	道路危险货物运输装卸事故典型案例分析			
	学时小计	24	24	24

附录二　道路危险货物运输从业人员培训教学大纲

第一篇　基础知识篇

第一章　概　　述

教学要求：

了解道路危险货物运输的重要性。

第二章　道路危险货物运输法规及标准简介

教学要求：

1. 了解道路危险货物运输有关行政法规体系和主要要求；
2. 了解道路危险货物运输有关技术标准体系和主要要求。

教学内容：

第一节　道路危险货物运输行政法规
第二节　道路危险货物运输技术标准

第三章　道路危险货物运输管理

教学要求：

1. 了解道路危险货物运输企业资质要求；
2. 了解道路危险货物运输管理的特点；
3. 了解道路危险货物运输管理的内容；
4. 了解道路危险货物运输行业管理的内容；

5. 了解道路危险货物运输管理人员的基本要求。

教学内容：

第一节　道路危险货物运输企业资质要求

第二节　道路危险货物运输管理的特点

第三节　道路危险货物运输企业管理的内容

第四节　道路危险货物运输行业管理的内容

第五节　道路危险货物运输管理人员的基本要求

第四章　危险货物的分类与相关特性

教学要求：

1. 了解货物物理及化学特性；

2. 熟悉危险货物分类及品名编号；

3. 熟悉各类危险货物定义及特性。

教学内容：

第一节　货物物理及化学特性

第二节　危险货物分类及品名编号

第三节　各类危险货物定义及特性

第五章　《危险货物品名表》及其适用

教学要求：

1. 熟悉《危险货物品名表》的结构和作用；

2. 熟悉危险货物运输的限制；

3. 了解相关免除。

教学内容：

第一节　《危险货物品名表》的结构和作用

第二节　危险货物运输的限制与相关免除

第六章　危险货物运输包装常识

教学要求：

1. 了解危险货物运输包装基本要求；
2. 了解危险货物运输包装分类；
3. 熟悉危险货物运输包装标志；
4. 了解危险货物运输包装英文标识。

教学内容：

第一节　危险货物运输包装基本要求
第二节　危险货物运输包装分类
第三节　危险货物运输包装标志
第四节　危险货物运输包装英文标识

第七章　道路危险货物运输托运及承运

教学要求：

1. 熟悉道路危险货物运输托运人责任；
2. 掌握道路危险货物运输承运人责任；
3. 熟悉道路危险货物运输受理；
4. 熟悉道路危险货物运输相关文件。

教学内容：

第一节　道路危险货物运输托运人责任
第二节　道路危险货物运输承运人责任
第三节　道路危险货物运输受理
第四节　道路危险货物运输相关文件

第八章　道路危险货物运输事故应急预案

教学要求：

1. 了解制定事故应急预案的原则；
2. 了解制定事故应急预案的基本指导思想；
3. 了解制定事故应急预案的基本要求和基本内容。

教学内容：

1. 制定事故应急预案的原则;
2. 制定事故应急预案的基本指导思想;
3. 制定事故应急预案的基本要求;
4. 事故应急预案基本内容。

第二篇 驾驶人员篇

第一章 道路危险货物运输驾驶人员基本要求

教学要求:

熟悉道路危险货物运输驾驶人员基本要求。

教学内容:

第一节 道路危险货物运输驾驶人员职业道德

第二节 道路危险货物运输驾驶人员基本要求

第二章 道路危险货物运输车辆基本要求

教学要求:

1. 了解道路危险货物运输车辆车型要求;
2. 了解道路危险货物运输车辆基本要求。

教学内容:

第一节 道路危险货物运输车辆车型要求

第二节 道路危险货物运输车辆基本要求

第三章 道路危险货物运输安全及事故应急措施

教学要求:

1. 熟悉道路危险货物运输安全及事故应急措施;

2. 掌握常运危险货物安全及事故应急措施。

教学内容：

第一节　爆炸品运输安全及事故应急措施

第二节　压缩气体和液化气体运输安全及事故应急措施

第三节　易燃液体运输安全及事故应急措施

第四节　易燃固体、自燃物品和遇湿易燃物品运输安全及事故应急措施

第五节　氧化剂和有机过氧化物运输安全及事故应急措施

第六节　毒害品和感染性物品运输安全及事故应急措施

第七节　放射性物品运输安全及事故应急措施

第八节　腐蚀品运输安全及事故应急措施

第九节　杂类运输安全及事故应急措施

第四章　道路危险货物运输事故典型案例分析

教学要求：

1. 了解典型案例发生的基本过程、原因分析；

2. 了解典型案例给予的经验与教训。

教学内容：

典型案例发生的基本过程，原因分析，经验与教训。

第三篇　押运人员篇

第一章　概　　述

教学要求：

了解道路危险货物运输押运人员须知。

教学内容：

第一节　道路危险货物运输押运人员素质

第二节　道路危险货物运输押运人员须知

第二章　道路危险货物运输押运安全及事故应急措施

教学要求：

1. 掌握道路各类危险货物运输押运安全及事故应急措施；
2. 掌握着火防范措施、医疗急救常识；
3. 掌握危险化学品事故的报告和上报程序。

教学内容：

第一节　道路危险货物运输押运安全基本要求
第二节　道路各类危险货物运输押运安全
第三节　道路危险货物运输押运事故应急措施
第四节　常见火灾事故及其防范措施
第五节　医疗急救常识
第六节　道路危险货物运输事故的报告和上报程序

第三章　道路危险货物运输押运事故典型案例分析

教学要求：

1. 了解典型案例发生的基本过程、原因分析；
2. 了解典型案例给予的经验与教训。

教学内容：

典型案例发生的基本过程，原因分析，经验与教训。

第四篇　装卸管理人员篇

第一章　概　　述

教学要求：

了解道路危险货物运输装卸概念、地位、特点、分类以及加快汽车运输装卸作业机械化、自流化。

第二章 道路危险货物运输装卸条件及基本要求

教学要求：

1. 了解道路危险货物运输装卸机具及设备条件；
2. 熟悉道路危险货物运输装卸基本要求。

教学内容：

第一节 道路危险货物运输装卸管理人员要求及车辆条件

第二节 道路危险货物运输装卸机具及设备条件

第三节 道路危险货物运输装卸基本要求

第三章 道路危险货物运输装卸安全及事故应急措施

教学要求：

掌握道路各类危险货物、散装危险货物和集装箱危险货物运输装卸安全及事故应急措施。

教学内容：

第一节 道路各类危险货物运输装卸安全及事故应急措施

第二节 道路散装危险货物和集装箱危险货物运输装卸安全

第四章 道路危险货物运输装卸事故典型案例分析

教学要求：

1. 了解典型案例发生的基本过程、原因分析；
2. 了解典型案例给予的经验与教训。

教学内容：

典型案例发生的基本过程，原因分析，经验与教训。

第五篇　新技术应用推广篇

教学要求：

了解在道路危险货物运输行业中，常用的一些先进技术和产品。

教学内容：

第一章　概　　述

第二章　“悍士防御性驾驶技术”——三层空间驾驶法

第三章　道路危险货物运输车辆安全实时监控管理系统

第四章　车辆抢险救援无火花堵漏技术

第五章　道路集装箱运输的产生、发展与新产品

第六章　HAN 阻隔防爆运油(气)槽车

第七章　罐车用内置式安全止流底阀

附录三　道路危险货物运输从业人员资格考试大纲(试行)

为加强道路危险货物运输从业人员资格管理,提高道路危险货物运输从业人员素质,确保道路危险货物运输从业人员培训质量,根据《中华人民共和国道路运输条例》、《危险化学品安全管理条例》和《道路危险货物运输管理规定》等有关法律、法规,制定本大纲。

一、适用范围

申请道路危险货物运输从业人员资格证件的人员。

二、执行主体

市(设区的市)级以上人民政府交通主管部门,负责道路危险货物运输从业人员资格考试(以下简称从业资格考试)的组织、实施。

三、考试分类、方法及合格标准

1. 考试分类

从业资格考试分为三类:

(1)道路危险货物运输驾驶人员从业资格考试;

(2)道路危险货物运输押运人员从业资格考试;

(3)道路危险货物运输装卸管理人员从业资格考试。

2. 考试方法

考试为理论知识考核,采用闭卷考试方法。试题分为判断、选择两类题型,同一次考试的试卷不少于两套;每套试题为100题,其中判断题占40%,选择题占60%;试题内容的比例:基础知识部分占40%,业务知识部分占60%。

3.考试时间及合格标准

考试时间为90分钟;满分为100分,每小题1分,考试成绩达到90分及以上为合格。

4.成绩确认及有效期

考试成绩必须由2名考试员签字确认,成绩一年内有效。

四、考试内容及要求

1.道路危险货物运输驾驶人员从业资格考试内容及要求

(1)掌握道路危险货物运输的相关法规常识;

(2)掌握常见危险货物的分类和相关特性;

(3)了解道路危险货物运输包装常识;

(4)掌握道路危险货物运输车辆基本要求;

(5)熟悉常见危险货物应急处理措施。

2.道路危险货物运输押运人员从业资格考试内容及要求

(1)掌握道路危险货物运输的相关法规常识;

(2)掌握常见危险货物的分类和相关特性;

(3)掌握道路危险货物运输包装常识和押运安全知识;

(4)了解危险货物装卸基本常识;

(5)了解道路危险货物运输车辆基本要求;

(6)熟悉常见危险货物应急处理措施。

3.道路危险货物运输装卸管理人员从业资格考试内容及要求

(1)了解道路危险货物运输的相关法规常识;

(2)掌握常见危险货物的分类和相关特性;

(3)掌握道路危险货物运输包装常识和装卸安全知识;

(4)了解道路危险货物运输车辆基本要求;

(5)熟悉常见危险货物应急处理措施。

五、考试内容及分值分配

1.道路危险货物运输驾驶人员从业资格考试内容及分值分

配(表1-1)

表1-1

<table>
<tr><th colspan="2" rowspan="2">考试内容</th><th colspan="2">分值分配(分)</th></tr>
<tr><th>选择题</th><th>判断题</th></tr>
<tr><td rowspan="5">危险货物运输的相关法规常识</td><td>道路危险货物运输行政法规:
1.国务院第344号令《危险化学品安全管理条例》
2.《道路危险货物运输管理规定》(中华人民共和国交通部令2005年第9号)
3.《中华人民共和国道路运输条例》中与道路危险货物运输相关的内容</td><td>7</td><td>4</td></tr>
<tr><td>4.《中华人民共和国安全生产法》相关内容
5.《中华人民共和国道路交通安全法》相关内容</td><td>2</td><td>2</td></tr>
<tr><td>道路危险货物运输技术标准:
6.《危险货物分类和品名编号》(GB 6944)中对危险货物的定义、分类以及编号方式等
7.《危险货物品名表》(GB 12268)</td><td>2</td><td>2</td></tr>
<tr><td>8.《营运车辆综合性能要求和检验方法》(GB 18565)中对道路危险货物运输专用车辆技术性能的要求
9.《营运车辆技术等级划分和评定要求》(JT/T 198)中对道路危险货物运输专用车辆技术等级的要求</td><td>2</td><td>2</td></tr>
<tr><td>10.《汽车运输危险货物规则》(JT 617)
11.《汽车运输、装卸危险货物作业规程》(JT 618)</td><td>2</td><td>2</td></tr>
<tr><td>常见危险货物的分类和相关特性</td><td>常见危险货物的分类和特性</td><td>10</td><td>8</td></tr>
</table>

续上表

考试内容		分值分配(分)	
		选择题	判断题
危险货物运输包装常识	1. 危险货物运输包装基本要求 2. 危险货物运输包装的基本分类及其所适用的危险货物	2	1
	3. 危险货物包装储运图示标志的分类及含义	3	1
	4. 危险货物运输包装标志的分类及使用要求	3	1
	5.《道路危险货物运输车辆标志》(GB 13392)中有关道路危险货物运输车辆标志的分类、材质、图形和悬挂位置等要求	2	1
危险货物运输车辆基本要求	1. 道路危险货物运输车辆类型和基本要求	2	2
	2. 道路危险货物运输车辆的安全设施	4	3
	3. 道路危险货物运输工、属具的要求	4	3
常见危险货物应急处理措施	1. 爆炸品运输安全及事故应急措施	3	1
	2. 气体运输安全及事故应急措施	3	2
	3. 易燃液体运输安全及事故应急措施	3	2
	4. 易燃固体、易于自燃物质、遇水放出易燃气体的物质运输安全及事故应急措施 5. 氧化性物质和有机过氧化物运输安全及事故应急措施 6. 毒性物质和感染性物质运输安全及事故应急措施 7. 放射性物品运输安全及事故应急措施	3	1
	8. 腐蚀性物质运输安全及事故应急措施	3	2

2. 道路危险货物运输押运人员从业资格考试内容及分值分配(表1-2)

表1-2

<table>
<tr><th colspan="2" rowspan="2">考试内容</th><th colspan="2">分值分配(分)</th></tr>
<tr><th>选择题</th><th>判断题</th></tr>
<tr><td rowspan="5">危险货物运输的相关法规常识</td><td>道路危险货物运输行政法规:
1. 国务院第344号令《危险化学品安全管理条例》
2.《道路危险货物运输管理规定》(中华人民共和国交通部令2005年第9号)
3.《中华人民共和国道路运输条例》中与道路危险货物运输相关的内容</td><td>7</td><td>2</td></tr>
<tr><td>4.《中华人民共和国安全生产法》相关内容
5.《中华人民共和国道路交通安全法》相关内容</td><td>2</td><td>2</td></tr>
<tr><td>道路危险货物运输技术标准:
6.《危险货物分类和品名编号》(GB 6944)中对危险货物的定义、分类以及编号方式等
7.《危险货物品名表》(GB 12268)</td><td>2</td><td>2</td></tr>
<tr><td>8.《营运车辆综合性能要求和检验方法》(GB 18565)中对道路危险货物运输专用车辆技术性能的要求
9.《营运车辆技术等级划分和评定要求》(JT/T 198)中对道路危险货物运输专用车辆技术等级的要求</td><td>2</td><td>2</td></tr>
<tr><td>10.《汽车运输危险货物规则》(JT 617)
11.《汽车运输、装卸危险货物作业规程》(JT 618)</td><td>2</td><td>2</td></tr>
</table>

续上表

<table>
<tr><td colspan="2" rowspan="2">考试内容</td><td colspan="2">分值分配(分)</td></tr>
<tr><td>选择题</td><td>判断题</td></tr>
<tr><td>常见危险货物的分类和相关特性</td><td>常见危险货物的分类和特性</td><td>10</td><td>6</td></tr>
<tr><td rowspan="4">危险货物运输包装</td><td>1. 危险货物运输包装基本要求
2. 危险货物运输包装的基本分类及其所适用的危险货物</td><td>1</td><td>1</td></tr>
<tr><td>3. 危险货物包装储运图示标志的分类及含义</td><td>2</td><td>1</td></tr>
<tr><td>4. 危险货物运输包装标志的分类及使用要求</td><td>1</td><td>1</td></tr>
<tr><td>5.《道路危险货物运输车辆标志》(GB 13392)中有关道路危险货物运输车辆标志的分类、材质、图形和悬挂位置等要求</td><td>1</td><td>1</td></tr>
<tr><td rowspan="3">押运安全知识</td><td>1. 道路危险货物运输押运人员职责和操作技能要求</td><td>1</td><td>1</td></tr>
<tr><td>2. 道路危险货物运输押运安全基本要求(包括出车前准备、运输过程安全要求)</td><td>2</td><td>1</td></tr>
<tr><td>3. 各类危险货物运输押运安全</td><td>2</td><td>2</td></tr>
<tr><td rowspan="2">危险货物装卸基本常识</td><td>1. 装卸机具的基本要求(包括安全性能和技术性能等)</td><td>2</td><td>2</td></tr>
<tr><td>2. 道路危险货物运输装卸过程安全要求</td><td>3</td><td>2</td></tr>
<tr><td rowspan="2">危险货物运输车辆基本要求</td><td>1. 道路危险货物运输车辆类型和基本要求</td><td>2</td><td>2</td></tr>
<tr><td>2. 道路危险货物运输车辆的安全设施</td><td>3</td><td>2</td></tr>
<tr><td rowspan="5">常见危险货物应急处理措施</td><td>1. 爆炸品运输安全及事故应急措施</td><td>3</td><td>1</td></tr>
<tr><td>2. 气体运输安全及事故应急措施</td><td>3</td><td>2</td></tr>
<tr><td>3. 易燃液体运输安全及事故应急措施</td><td>3</td><td>2</td></tr>
<tr><td>4. 易燃固体、易于自燃物质、遇水放出易燃气体的物质运输安全及事故应急措施
5. 氧化性物质和有机过氧化物运输安全及事故应急措施
6. 毒性物质和感染性物质运输安全及事故应急措施
7. 放射性物品运输安全及事故应急措施</td><td>3</td><td>1</td></tr>
<tr><td>8. 腐蚀性物质运输安全及事故应急措施</td><td>3</td><td>2</td></tr>
</table>

3. 道路危险货物运输装卸管理人员从业资格考试内容及分值分配(表1-3)

表1-3

<table>
<tr><th colspan="2" rowspan="2">考试内容</th><th colspan="2">分值分配(分)</th></tr>
<tr><th>选择题</th><th>判断题</th></tr>
<tr><td rowspan="4">危险货物运输的相关法规常识</td><td>道路危险货物运输行政法规：
1. 国务院第344号令《危险化学品安全管理条例》
2.《道路危险货物运输管理规定》(中华人民共和国交通部令2005年第9号)
3.《中华人民共和国道路运输条例》中与道路危险货物运输相关的内容</td><td>6</td><td>4</td></tr>
<tr><td>4.《中华人民共和国安全生产法》相关内容
5.《中华人民共和国道路交通安全法》相关内容</td><td>2</td><td>2</td></tr>
<tr><td>道路危险货物运输技术标准：
6.《危险货物分类和品名编号》(GB 6944)中对危险货物的定义、分类以及编号方式等
7.《危险货物品名表》(GB 12268)</td><td>2</td><td>2</td></tr>
<tr><td>8.《汽车运输危险货物规则》(JT 617)
9.《汽车运输、装卸危险货物作业规程》(JT 618)</td><td>4</td><td>4</td></tr>
<tr><td>常见危险货物的分类和相关特性</td><td>常见危险货物的分类和特性</td><td>10</td><td>8</td></tr>
<tr><td rowspan="4">危险货物运输包装</td><td>1. 危险货物运输包装基本要求
2. 危险货物运输包装的基本分类及其所适用的危险货物</td><td>1</td><td>1</td></tr>
<tr><td>3. 危险货物包装储运图示标志分类及含义</td><td>2</td><td>1</td></tr>
<tr><td>4. 危险货物运输包装标志的分类及使用要求</td><td>2</td><td>1</td></tr>
<tr><td>5.《道路危险货物运输车辆标志》(GB 13392)中有关道路危险货物运输车辆标志的分类、材质、图形和悬挂位置等要求</td><td>1</td><td>1</td></tr>
</table>

续上表

<table>
<tr><th colspan="2" rowspan="2">考 试 内 容</th><th colspan="2">分值分配(分)</th></tr>
<tr><th>选择题</th><th>判断题</th></tr>
<tr><td rowspan="3">装卸安全知识</td><td>1. 装卸管理人员的基本要求</td><td>2</td><td>1</td></tr>
<tr><td>2. 装卸机具的基本要求(包括安全性能和技术性能等)</td><td>2</td><td>1</td></tr>
<tr><td>3. 道路危险货物运输装卸过程安全要求</td><td>6</td><td>2</td></tr>
<tr><td rowspan="2">危险货物运输车辆基本要求</td><td>1. 道路危险货物运输车辆类型和基本要求</td><td>2</td><td>2</td></tr>
<tr><td>2. 道路危险货物运输车辆的安全设施</td><td>3</td><td>2</td></tr>
<tr><td rowspan="5">常见危险货物应急处理措施</td><td>1. 爆炸品装卸安全及事故应急措施</td><td>3</td><td>1</td></tr>
<tr><td>2. 气体装卸安全及事故应急措施</td><td>3</td><td>2</td></tr>
<tr><td>3. 易燃液体装卸安全及事故应急措施</td><td>3</td><td>2</td></tr>
<tr><td>4. 易燃固体、易于自燃物质、遇水放出易燃气体的物质装卸安全及事故应急措施
5. 氧化性物质和有机过氧化物装卸安全及事故应急措施
6. 毒性物质和感染性物质装卸安全及事故应急措施
7. 放射性物品装卸安全及事故应急措施</td><td>3</td><td>1</td></tr>
<tr><td>8. 腐蚀性物质装卸安全及事故应急措施</td><td>3</td><td>2</td></tr>
</table>

主要参考书目:

(1)《道路危险货物运输从业人员培训教材》,人民交通出版社;

(2)《道路运输危险货物实用手册》,人民交通出版社。

附录四　道路危险货物运输管理规定

第一章　总　则

第一条　为规范道路危险货物运输市场秩序，保障人民生命财产安全，保护环境，维护道路危险货物运输各方当事人的合法权益，根据《中华人民共和国道路运输条例》和《危险化学品安全管理条例》等有关法律、行政法规，制定本规定。

第二条　从事道路危险货物运输经营和使用自备车辆从事为本单位服务的非经营性道路危险货物运输的，应当遵守本规定。军事危险货物运输除外。

法律、行政法规对特定种类危险货物的道路运输另有规定的，从其规定。

第三条　本规定所称危险货物，是指具有爆炸、易燃、毒害、腐蚀、放射性等特性，在运输、装卸和储存过程中，容易造成人身伤亡、财产毁损和环境污染而需要特别防护的货物。危险货物以列入国家标准《危险货物品名表》(GB 12268)的为准，未列入《危险货物品名表》的，以有关法律、行政法规的规定或者国务院有关部门公布的结果为准。

本规定所称道路危险货物运输车辆(以下简称专用车辆)，是指从事道路危险货物运输的载货汽车。

本规定所称道路危险货物运输，是指使用专用车辆，通过道路运输危险货物的作业全过程。

第四条　危险货物的分类、分项、品名和品名编号应当按照国家标准《危险货物分类和品名编号》(GB 6944)、《危险货物品名表》(GB 12268)执行。危险货物的危险程度依据国家标准《危险货物运输包装通用技术条件》(GB 12463),分为 I、II、III 等级。

第五条 从事道路危险货物运输应当保障安全,依法运输,诚实信用。

第六条 国家鼓励技术力量雄厚、设备和运输条件好的大型专业危险化学品生产企业从事道路危险货物运输,鼓励道路危险货物运输企业实行集约化、专业化经营,鼓励使用厢式、罐式和集装箱等专用车辆运输危险货物。

第七条 交通部主管全国道路危险货物运输管理工作。

县级以上地方人民政府交通主管部门负责组织领导本行政区域的道路危险货物运输管理工作。

县级以上道路运输管理机构负责具体实施道路危险货物运输管理工作。

第二章 运输许可

第八条 申请从事道路危险货物运输经营的,应当具备下列条件:

(一)有符合下列要求的专用车辆及设备:

1. 自有专用车辆 5 辆以上;

2. 专用车辆技术性能符合国家标准《营运车辆综合性能要求和检验方法》(GB 18565)的要求,车辆外廓尺寸、轴荷和质量符合国家标准《道路车辆外廓尺寸、轴荷和质量限值》(GB 1589)的要求,车辆技术等级达到行业标准《营运车辆技术等级划分和评定要求》(JT/T 198)规定的一级技术等级;

3. 配备有效的通讯工具;

4. 有符合安全规定并与经营范围、规模相适应的停车场地。具有运输剧毒、爆炸和 I 类包装危险货物专用车辆的,还应当配备与其他设备、车辆、人员隔离的专用停车区域,并设立明显的警示标志;

5. 配备有与运输的危险货物性质相适应的安全防护、环境保护和消防设施设备；

6. 运输剧毒、爆炸、易燃、放射性危险货物的，应当具备罐式车辆或厢式车辆、专用容器，车辆应当安装行驶记录仪或定位系统；

7. 罐式专用车辆的罐体应当经质量检验部门检验合格。运输爆炸、强腐蚀性危险货物的罐式专用车辆的罐体容积不得超过20立方米，运输剧毒危险货物的罐式专用车辆的罐体容积不得超过10立方米，但罐式集装箱除外；

8. 运输剧毒、爆炸、强腐蚀性危险货物的非罐式专用车辆，核定载质量不得超过10吨。

（二）有符合下列要求的从业人员：

1. 专用车辆的驾驶人员取得相应机动车驾驶证，年龄不超过60周岁；

2. 从事道路危险货物运输的驾驶人员、装卸管理人员、押运人员经所在地设区的市级人民政府交通主管部门考试合格，取得相应从业资格证。

（三）有健全的安全生产管理制度，包括安全生产操作规程、安全生产责任制、安全生产监督检查制度以及从业人员、车辆、设备安全管理制度。

第九条　符合下列条件的企事业单位，可以使用自备专用车辆从事为本单位服务的非经营性道路危险货物运输：

（一）下列企事业单位之一：

1. 省级以上安全生产监督管理部门批准设立的生产、使用、储存危险化学品的企业；

2. 有特殊需求的科研、军工、通用民航等企事业单位。

（二）具备第八条规定的条件，但自有专用车辆的数量可以少于5辆。

第十条　申请从事道路危险货物运输经营的企业，应当向所在地设区的市级道路运输管理机构提出申请，并提交以下材料：

（一）《道路危险货物运输经营申请表》（见附件1）；

(二)拟运输的危险货物类别、项别及运营方案;

(三)企业章程文本;

(四)投资人、负责人身份证明及其复印件,经办人的身份证明及其复印件和委托书;

(五)拟投入车辆承诺书,内容包括专用车辆数量、类型、技术等级、通讯工具配备、总质量、核定载质量、车轴数以及车辆外廓长、宽、高等情况,罐式专用车辆的罐体容积,罐体容积与车辆载质量匹配情况,运输剧毒、爆炸、易燃、放射性危险货物的专用车辆配备行驶记录仪或者定位系统情况。若拟投入专用车辆为已购置或者现有的,应提供行驶证、车辆技术等级证书或者车辆技术检测合格证、罐式专用车辆的罐体检测合格证或者检测报告及其复印件;

(六)拟聘用驾驶人员、装卸管理人员、押运人员的从业资格证及其复印件,驾驶人员的驾驶证及其复印件;

(七)具备停车场地、专用停车区域和安全防护、环境保护、消防设施设备的证明材料;

(八)有关安全生产管理制度文本。

第十一条 申请从事非经营性道路危险货物运输的单位,向所在地设区的市级道路运输管理机构提出申请时,除提交第十条第(五)至第(八)款规定的材料外,还应当提交以下材料:

(一)《道路危险货物运输申请表》(见附件2);

(二)下列形式之一的单位基本情况证明:

1. 省级以上安全生产监督管理部门颁发的《危险化学品登记证》;

2. 能证明科研、军工、通用民航等企事业单位性质或者业务范围的有关材料;

(三)特殊运输需求的说明材料;

(四)经办人的身份证明及其复印件,所在单位的工作证明或者委托书。

第十二条 设区的市级道路运输管理机构应当按照《中华人

民共和国道路运输条例》和《交通行政许可实施程序规定》以及本规定规范的程序实施道路危险货物运输行政许可，并进行实地核查。

决定准予许可的，应当向被许可人出具《道路危险货物运输行政许可决定书》（见附件3），注明许可事项，许可事项为运输危险货物的类别和项别、专用车辆数量及要求、运输性质；并在10日内向道路危险货物运输经营申请人发放《道路运输经营许可证》，向非经营性道路危险货物运输申请人颁发《道路危险货物运输许可证》。

决定不予许可的，应当向申请人出具《不予交通行政许可决定书》。

第十三条 被许可人已获得其他道路运输经营许可的，设区的市级道路运输管理机构应当为其换发《道路运输经营许可证》，并在经营范围中加注新许可的事项。如果原《道路运输经营许可证》是由省级道路运输管理机构发放的，由原发证机关按照上述要求予以换发。

第十四条 被许可人应当按照限定的时间落实拟投入车辆承诺书。作出许可决定的道路运输管理机构已核实被许可人落实了拟投入车辆承诺书且专用车辆符合许可要求、罐体经质检部门检验合格后，应当为专用车辆配发《道路运输证》，并在《道路运输证》经营范围栏内注明允许运输危险货物的类别、项别。其中，对从事非经营性道路危险货物运输的，应当在其《道路运输证》上加盖"非经营性危险货物运输专用章"。

第十五条 道路运输管理机构不得许可一次性、临时性的道路危险货物运输。

第十六条 被许可人应当持《道路运输经营许可证》或者《道路危险货物运输许可证》依法向工商行政管理机关办理登记手续。

第十七条 中外合资、中外合作、外商独资形式投资道路危险货物运输的，应当同时遵守《外商投资道路运输业管理规定》。

第十八条 道路危险货物运输企业或者单位设立子公司从事道路危险货物运输的，应当向设立地设区的市级道路运输管理机构申请运输许可；设立分公司的，应当向设立地设区的市级道路运输管理机构报备。

第十九条 道路危险货物运输企业或者单位需要变更许可事项的，应当向原许可机关提出申请，按照本章有关许可的规定办理。

第二十条 道路危险货物运输企业或者单位终止危险货物运输业务的，应当在终止之日的30日前告知原许可机关，并在停业后10日内将《道路运输经营许可证》或者《道路危险货物运输许可证》以及《道路运输证》交回原发放机关。

第三章 专用车辆、设备管理

第二十一条 道路危险货物运输企业或者单位应当按照《道路货物运输及站场管理规定》中有关车辆管理的规定，维护、检测、使用和管理专用车辆，确保专用车辆技术状况良好。

第二十二条 设区的市级道路运输管理机构应当定期对专用车辆进行审验，每年审验一次。审验按照《道路货物运输及站场管理规定》进行，并增加以下审验项目：

（一）专用车辆投保危险货物承运人责任险情况；

（二）罐式专用车辆罐体质量检验情况；

（三）必需的应急处理器材和安全防护设施设备的配备情况。

第二十三条 禁止使用报废的、擅自改装的、检测不合格的、车辆技术等级达不到一级的和其他不符合国家规定的车辆从事道路危险货物运输。

除铰接列车、具有特殊装置的大型物件运输专用车辆外，严禁使用货车列车从事危险货物运输；倾卸式车辆只能运输散装硫磺、萘饼、粗蒽、煤焦沥青等危险货物。

禁止使用移动罐体（罐式集装箱除外）从事危险货物运输。

第二十四条 专用车辆应当到具备道路危险货物运输车辆维修条件的企业进行维修。

第二十五条 用于装卸危险货物的机械及工、属具的技术状况应当符合行业标准《汽车运输危险货物规则》(JT 617)规定的技术要求。

第二十六条 罐式专用车辆的罐体应符合《钢制压力容器》(GB 150)、《汽车运输液体危险货物常压容器(罐体)通用技术条件》(GB 18564)等国家标准规定的技术条件。罐式专用车辆应当在罐体检验合格的有效期内承运危险货物。

第四章 危险货物运输

第二十七条 危险货物托运人应当委托具有道路危险货物运输资质的企业承运,严格按照国家有关规定包装,并向承运人说明危险货物的品名、数量、危害、应急措施等情况。需要添加抑制剂或者稳定剂的,应当按照规定添加。托运危险化学品的还应提交与托运的危险化学品完全一致的安全技术说明书和安全标签。

第二十八条 道路危险货物运输企业或者单位应当严格按照道路运输管理机构决定的许可事项从事道路危险货物运输活动,不得转让、出租道路危险货物运输许可证件。

严禁非经营性道路危险货物运输单位从事道路危险货物运输经营活动。

第二十九条 不得使用罐式专用车辆或者运输有毒、腐蚀、放射性危险货物的专用车辆运输普通货物。

其他专用车辆可以从事食品、生活用品、药品、医疗器具以外的普通货物运输活动,但应当对专用车辆进行消除危险处理,确保不对普通货物造成污染、损害。

危险货物不得与普通货物混装。

第三十条 专用车辆应当按照国家标准《道路运输危险货物

车辆标志》(GB 13392)的要求悬挂标志。

第三十一条 专用车辆应当根据所运危险货物的性质配备必需的应急处理器材和安全防护设施设备。

第三十二条 道路危险货物运输企业或者单位不得运输法律、行政法规禁止运输的货物。

法律、行政法规规定的限运、凭证运输货物,道路危险货物运输企业或者单位应当按照有关规定办理相关运输手续。

法律、行政法规规定托运人必须办理有关手续后方可运输的危险货物,道路危险货物运输企业应当查验有关手续齐全有效后方可承运。

第三十三条 道路危险货物运输企业或者单位应当采取必要措施,防止危险货物脱落、扬散、丢失以及燃烧、爆炸、辐射、泄漏等。

第三十四条 专用车辆驾驶人员应当随车携带《道路运输证》。

第三十五条 道路危险货物运输企业或者单位应当聘用具有相应从业资格证的驾驶人员、装卸管理人员和押运人员。

驾驶人员、装卸管理人员和押运人员上岗时应当随身携带从业资格证。

第三十六条 在道路危险货物运输过程中,除驾驶人员外,专用车辆上应当另外配备押运人员。押运人员应当对运输全过程进行监管。

第三十七条 危险货物的装卸作业,应当在装卸管理人员的现场指挥下进行。

第三十八条 严禁专用车辆违反国家有关规定和本规定超载、超限运输。

第三十九条 道路危险货物运输企业或者单位在运输危险货物时,应当遵守有关部门关于危险货物运输线路、时间、速度方面的有关规定。

第四十条 道路危险货物运输从业人员必须熟悉有关安全

生产的法规、技术标准和安全生产规章制度、安全操作规程，了解所装运危险货物的性质、危害特性、包装物或者容器的使用要求和发生意外事故时的处置措施。严格按照《汽车运输危险货物规则》（JT 617）、《汽车运输、装卸危险货物作业规程》（JT 618）操作，不得违章作业。

第四十一条　道路危险货物运输企业或者单位应当对从业人员进行经常性的安全、职业道德教育和业务知识、操作规程培训。

第四十二条　道路危险货物运输企业或者单位应当加强安全生产管理，配备专职安全管理人员，制定突发事件应急预案，严格落实各项安全制度。

第四十三条　在危险货物运输过程中发生燃烧、爆炸、污染、中毒或者被盗、丢失、流散、泄漏等事故，驾驶人员、押运人员应当立即向当地公安部门和本运输企业或者单位报告，说明事故情况、危险货物品名、危害和应急措施，并在现场采取一切可能的警示措施，并积极配合有关部门进行处置。运输企业或者单位应当立即启动应急预案。

第四十四条　在危险货物装卸、保管、贮存过程中，应当根据危险货物的性质和保管要求，轻装轻卸，分区存放，堆码整齐，防止混杂、撒漏、破损，不得与普通货物混合存放。

第四十五条　道路危险货物运输企业或者单位应当为危险货物投保承运人责任险。

第五章　监督检查

第四十六条　道路危险货物运输监督检查按照《道路货物运输及站场管理规定》执行。

第四十七条　道路运输管理机构工作人员在实施道路运输监督检查过程中，发现专用车辆有超载行为且具备安全卸载和储存条件的，应当要求驾驶人员或者押运人员到具备所运输危险货物储存条件的场所卸货。

第六章 法律责任

第四十八条 违反本规定,有下列情形之一的,由县级以上道路运输管理机构责令停止运输,有违法所得的,没收违法所得。运输货物属于危险化学品,违法所得5万元以上的,处违法所得1倍以上5倍以下的罚款;没有违法所得或违法所得不足5万元的,处2万元以上20万元以下的罚款。运输货物属于危险化学品以外的其他危险货物,有违法所得的,处违法所得2倍以上10倍以下的罚款;没有违法所得或者违法所得不足2万元的,处3万元以上10万元以下的罚款。构成犯罪的,依法追究刑事责任:

(一)未取得道路危险货物运输许可,擅自从事道路危险货物运输的;

(二)使用失效、伪造、变造、被注销等无效道路危险货物运输许可证件从事道路危险货物运输的;

(三)超越许可事项,从事道路危险货物运输的;

(四)非经营性道路危险货物运输单位从事道路危险货物运输经营的。

第四十九条 违反本规定,道路危险货物运输企业或者单位非法转让、出租道路危险货物运输许可证件的,由县级以上道路运输管理机构责令停止违法行为,收缴有关证件,处2000元以上1万元以下的罚款;有违法所得的,没收违法所得。

第五十条 违反本规定,道路危险货物运输企业或者单位有下列行为之一,由县级以上道路运输管理机构责令限期投保;拒不投保的,由原许可机关吊销《道路运输经营许可证》或者《道路危险货物运输许可证》,或者吊销相应的经营范围:

(一)未投保危险货物承运人责任险的;

(二)投保的危险货物承运人责任险已过期,未继续投保的。

第五十一条 违反本规定,道路危险货物运输企业或者单位未按规定维护和检测专用车辆的，由县级以上道路运输管理机构责令改正，处1000元以上5000元以下的罚款。

第五十二条　违反本规定，道路危险货物运输企业或者单位不按照规定携带《道路运输证》的，由县级以上道路运输管理机构责令改正，处警告或者20元以上200元以下的罚款。

第五十三条　违反本规定，道路危险货物运输企业或者单位、托运人有下列行为之一的，处2万元以上10万元以下的罚款；构成犯罪的，依法追究刑事责任：

（一）从事道路危险化学品运输的驾驶人员、押运人员、装卸管理人员未取得从业资格证的；

（二）托运人托运危险化学品，不向承运人说明运输的危险化学品的品名、数量、危害、应急措施等情况；或者需要添加抑制剂或稳定剂，交付托运时未添加的；

（三）运输、装卸危险化学品不符合国家有关法律、法规、规章的规定和国家标准，并未按照危险化学品的特性采取必要安全防护措施的。

第五十四条　违反本规定，道路危险货物运输企业或者单位没有采取必要措施防止货物脱落、扬撒的，由县级以上道路运输管理机构责令改正，处1000元以上3000元以下的罚款；情节严重的，由原许可机关吊销《道路运输经营许可证》或者《道路危险货物运输许可证》，或者吊销相应的经营范围。

第五十五条　违反本规定，道路危险货物运输企业或者单位已不具备开业要求的有关安全条件、存在重大运输安全隐患的，由县级以上道路运输管理机构责令限期改正；在规定时间内不能按要求改正且情节严重的，由原许可机关吊销《道路运输经营许可证》或者《道路危险货物运输许可证》，或者吊销相应的经营范围。

第五十六条　违反本规定，道路危险货物运输企业或者单位擅自改装已取得《道路运输证》的专用车辆及罐式专用车辆罐体的，由县级以上道路运输管理机构责令改正，并处5000元以上

2万元以下的罚款。

第七章　附　　则

第五十七条　本规定对道路危险货物运输经营未作规定的，按照《道路货物运输及站场管理规定》执行；对非经营性道路危险货物运输未作规定的，参照《道路货物运输及站场管理规定》执行。

第五十八条　道路运输管理机构依照本规定发放的道路危险货物运输许可证件和《道路运输证》，可以收取工本费。工本费的具体收费标准由省、自治区、直辖市人民政府财政、价格主管部门会同同级交通主管部门核定。

第五十九条　本规定自2005年8月1日起施行。交通部1993年发布的《道路危险货物运输管理规定》(交运发〔1993〕1382号)同时废止。

附件:1. 道路危险货物运输经营申请表
　　　2. 道路危险货物运输申请表
　　　3. 道路危险货物运输行政许可决定书

附件 1

受理申请机关专用

道路危险货物运输经营申请表

说明

1. 本表根据《道路危险货物运输管理规定》制作，申请从事道路危险货物运输经营应当向所在地设区的市级道路运输管理机构提出申请，填写本表，并同时提交其他相关材料（材料要求见自本页起的第5页）。
2. 本表可向各级道路运输管理机构免费索取，也可自行从交通部网站（www.moc.gov.cn）下载打印。
3. 本表需用钢笔填写或者计算机打印，请用正楷，要求字迹工整。

申请人基本信息

申请人名称________________________________

要求填写企业（公司）全称或企业预先核准全称

负责人姓名________________ 经办人姓名________________

通 信 地 址________________________________

邮　　编________________ 电　　话________________

手　　机________________ 电 子 邮 箱________________

申请许可内容　　请在□注明项别，不填注的视为无

请填写拟申请的道路危险货物运输经营范围

爆炸品 □　　易燃固体、自燃物品和遇湿易燃物品 □

压缩气体和液化气体 □　　易燃液体 □

氧化剂和有机过氧化物 □　　毒害品和感染性物品 □

放射性物品 □　　腐蚀性物品 □

杂类 □

如申请扩大道路危险货物运输经营范围的，请填写现从事道路危险货物运输经营范围

爆炸品 □　　易燃固体、自燃物品和遇湿易燃物品 □

压缩气体和液化气体 □　　易燃液体 □

氧化剂和有机过氧化物 □　　毒害品和感染性物品 □

放射性物品 □　　腐蚀性物品 □

杂类 □

危险货物运输车辆信息

已购置危险货物运输车辆情况

序号	厂牌型号	数量	车辆类型	车辆技术等级	总质量（吨）	核定载质量（吨）	车轴数	车辆外廓长宽高	罐体容积	是否配备有效通讯工具	是否安装行驶记录仪或定位系统
1											
2											
3											
4											
5											
6											

表格不够，可另附表填写。

拟购置危险货物运输车辆情况

序号	厂牌型号	数量	车辆类型	车辆技术等级	总质量（吨）	核定载质量（吨）	车轴数	车辆外廓长宽高	罐体容积	是否配备有效通讯工具	是否安装行驶记录仪或定位系统
1											
2											
3											
4											
5											
6											

表格不够，可另附表填写。

如申请扩大经营范围，请填写“现有危险货物运输车辆情况”表。

现有危险货物运输车辆情况

序号	道路运输证号	厂牌型号	车牌号	车辆类型	车辆技术等级	总质量（吨）	核定载质量（吨）	车轴数	车辆外廓长宽高	罐体容积	是否配备有效通讯工具	是否安装行驶记录仪或定位系统
1												
2												
3												
4												
5												
6												

表格不够，可另附表填写。

设施设备情况

		面积或配备情况	所有权	现场核查情况（此栏由受理申请机关填写）
停车场地				
剧毒、爆炸和Ⅰ类包装危险货物运输车辆专用停车区域				
环境保护设备	1			
	2			
消防设备				
安全防护设备	1			
	2			
	3			
	4			

“安全防护设备”栏内填写与车辆、仓储有关的安全设备。

拟聘用从业人员情况

序号	姓名	性别	年龄	岗位（工种）	取得相应驾驶证时间	从业资格证号	从业资格证类型
1							
2							
3							
4							
5							
6							
7							
8							
9							
10							
11							
12							
13							
14							
15							
16							
17							
18							
19							
20							
21							
22							
23							
24							
25							
26							
27							
28							
29							
30							

表格不够,可另附表填写。

注:非驾驶人员不填写“取得相应驾驶证时间”栏。

申请材料核对表 请在□内划√

1.《道路危险货物运输经营申请表》(本表) □

2. 拟运输的危险货物类别、项别及运营方案 □

3. 企业章程文本 □

4. 投资人、负责人身份证明及其复印件,经办人的身份证明及其复印件和委托书 □

5. 拟投入车辆承诺书,内容包括专用车辆数量、类型、技术等级、通讯工具配备、总质量、核定载质量、车轴数以及车辆外廓长宽高等情况,罐式专用车辆的罐体容积,罐体容积与车辆载质量匹配情况,运输剧毒、爆炸、易燃、放射性危险货物的专用车辆配备行驶记录仪或定位系统情况。若拟投入专用车辆属于已购置或者现有的,应提供行驶证、车辆技术等级证书或者车辆技术检测合格证、罐式专用车辆的罐体检测合格证或者检测报告及其复印件 □

6. 拟聘用驾驶人员、装卸管理人员、押运人员的从业资格证和驾驶人员的驾驶证及其复印件 □

7. 具有停车场地、专用停车区域和安全防护、环境保护、消防设施设备的证明材料 □

8. 有关安全生产管理制度文件 □

只有上述材料齐全有效后,你的申请才能受理

声明

我声明本表及其他相关材料中提供的信息均真实可靠。

我知悉如此表中有故意填写的虚假信息,我取得的道路危险货物运输经营许可将被撤销。

我承诺我将遵守《中华人民共和国道路运输条例》及其他有关道路运输法规、规章的规定。

负责人签名________________ 日期________________

负责人职位________________

附件2

道路危险货物运输申请表

受理申请机关专用

说明

1. 本表根据《道路危险货物运输管理规定》制作，申请使用自备车辆从事为本单位服务的非经营性道路危险货物运输应当向所在地设区的市级道路运输管理机构提出申请，填写本表，并同时提交其他相关材料（材料要求见自本页起的第5页）。
2. 本表可向各级道路运输管理机构免费索取，也可自行从交通部网站（www.moc.gov.cn）下载打印。
3. 本表需用钢笔填写或者计算机打印，请用正楷，要求字迹工整。

申请人基本信息

单位名称________________________________

负责人姓名________________　经办人姓名________________

通 信 地 址________________________________

邮　　编________________　电　　话________________

手　　机________________　电 子 邮 箱________________

申请许可内容　　　　请在□注明项别，不填注的视为无

请填写拟申请的道路危险货物运输经营范围

爆炸品	□	易燃固体、自燃物品和遇湿易燃物品	□
压缩气体和液化气体	□	易燃液体	□
氧化剂和有机过氧化物	□	毒害品和感染性物品	□
放射性物品	□	腐蚀性物品	□
杂类	□		

如申请扩大道路危险货物运输经营范围的，请填写现从事的道路危险货物运输经营范围

爆炸品	□	易燃固体、自燃物品和遇湿易燃物品	□
压缩气体和液化气体	□	易燃液体	□
氧化剂和有机过氧化物	□	毒害品和感染性物品	□
放射性物品	□	腐蚀性物品	□
杂类	□		

危险货物运输车辆信息

已购置危险货物运输车辆情况

序号	厂牌型号	数量	车辆类型	车辆技术等级	总质量（吨）	核定载质量（吨）	车轴数	车辆外廓长宽高	罐体容积	是否配备有效通讯工具	是否安装行驶记录仪或定位系统
1											
2											
3											
4											
5											
6											

表格不够,可另附表填写。

拟购置危险货物运输车辆情况

序号	厂牌型号	数量	车辆类型	车辆技术等级	总质量（吨）	核定载质量（吨）	车轴数	车辆外廓长宽高	罐体容积	是否配备有效通讯工具	是否安装行驶记录仪或定位系统
1											
2											
3											
4											
5											
6											

表格不够,可另附表填写。

如申请扩大经营范围，请填写“现有危险货物运输车辆情况”表。

现有危险货物运输车辆情况

序号	道路运输证号	厂牌型号	车牌号	车辆类型	车辆技术等级	总质量（吨）	核定载质量（吨）	车轴数	车辆外廓长宽高	罐体容积	是否配备有效通讯工具	是否安装行驶记录仪或定位系统
1												
2												
3												
4												
5												
6												

表格不够，可另附表填写。

设施设备情况

		面积或配备情况	所有权	现场核查情况 （此栏由受理申请机关填写）
停车场地				
剧毒、爆炸和Ⅰ类包装危险货物运输车辆专用停车区域				
环境保护设备	1			
	2			
消防设备				
安全防护设备	1			
	2			
	3			
	4			

“安全防护设备”栏内填写与车辆、仓储有关的安全设备。

拟聘用从业人员情况

序号	姓名	性别	年龄	岗位（工种）	取得相应驾驶证时间	从业资格证号	从业资格证类型
1							
2							
3							
4							
5							
6							
7							
8							
9							
10							
11							
12							
13							
14							
15							
16							
17							
18							
19							
20							
21							
22							
23							
24							
25							
26							
27							
28							
29							
30							

表格不够，可另附表填写。

注：非驾驶人员不填写“取得相应驾驶证时间”栏。

申请材料核对表 请在□内划√

1.《道路危险货物运输申请表》(本表) □

2. 下列形式之一的单位基本情况证明:(1)省级以上安全生产监督管理部门颁发的《危险化学品登记证》;(2)能证明科研、军工、通用民航等企事业单位性质或者业务范围的有关材料 □

3. 特殊运输需求的说明材料 □

4. 经办人的身份证明及其复印件,所在单位的工作证明或者委托书 □

5. 拟投入车辆承诺书,内容包括专用车辆数量、类型、技术等级、通讯工具配备、总质量、核定载质量、车轴数以及车辆外廓长宽高等情况,罐式专用车辆的罐体容积,罐体容积与车辆载质量匹配情况,运输剧毒、爆炸、易燃、放射性危险货物的专用车辆配备行驶记录仪或定位系统情况。若拟投入专用车辆属于已购置或者现有的,应提供行驶证、车辆技术等级证书或者车辆技术检测合格证、罐式专用车辆的罐体检测合格证或者检测报告及其复印件 □

6. 拟聘用驾驶人员、装卸管理人员、押运人员的从业资格证和驾驶人员的驾驶证及其复印件 □

7. 具有停车场地、专用停车区域和安全防护、环境保护、消防设施设备的证明材料 □

8. 有关安全生产管理制度文件 □

只有上述材料齐全有效后,你的申请才能受理

声明

我声明本表及其他相关材料中提供的信息均真实可靠。

我知悉如此表中有故意填写的虚假信息,我取得的道路危险货物运输许可将被撤销。

我承诺我将遵守《中华人民共和国道路运输条例》及其他有关道路运输法规、规章的规定。

负责人签名＿＿＿＿＿＿＿＿ 日期＿＿＿＿＿＿＿＿

负责人职位＿＿＿＿＿＿＿＿

附件 3

道路危险货物运输行政许可决定书

编号：

________________：

你于　　　年　　　月　　　日提出________________申请。

经审查，你的申请符合____的规定，决定准予道路危险货物运输行政许可。请按下列要求从事道路危险货物运输活动：

运输危险货物的类别、项别：____

专用车辆数量及要求：____

运输性质（经营性或非经营性）：________________________

请于　　　年　　　月　　　日去　　　　　　领取（换发）《道路运输经营许可证》（《道路危险货物运输许可证》），并于　　　年　　　月　　　日前按上述要求落实拟投入车辆承诺书，然后办理相关手续。在确定的时间内未按许可要求落实拟投入车辆承诺书的，将撤销本行政许可。

（印章）

年　　　月　　　日

附录五　危险化学品安全管理条例

第一章　总　　则

第一条　为了加强对危险化学品的安全管理，保障人民生命、财产安全，保护环境，制定本条例。

第二条　在中华人民共和国境内生产、经营、储存、运输、使用危险化学品和处置废弃危险化学品，必须遵守本条例和国家有关安全生产的法律、其他行政法规的规定。

第三条　本条例所称危险化学品，包括爆炸品、压缩气体和液化气体、易燃液体、易燃固体、自燃物品和遇湿易燃物品、氧化剂和有机过氧化物、有毒品和腐蚀品等。

危险化学品列入以国家标准公布的《危险货物品名表》(GB 12268)；剧毒化学品目录和未列入《危险货物品名表》的其他危险化学品，由国务院经济贸易综合管理部门会同国务院公安、环境保护、卫生、质检、交通部门确定并公布。

第四条　生产、经营、储存、运输、使用危险化学品和处置废弃危险化学品的单位(以下统称危险化学品单位)，其主要负责人必须保证本单位危险化学品的安全管理符合有关法律、法规、规章的规定和国家标准的要求，并对本单位危险化学品的安全负责。

危险化学品单位从事生产、经营、储存、运输、使用危险化学品或者处置废弃危险化学品活动的人员，必须接受有关法律、法规、规章和安全知识、专业技术、职业卫生防护和应急救援知识的培训，并经考核合格，方可上岗作业。

第五条　对危险化学品的生产、经营、储存、运输、使用和对废弃危险化学品处置实施监督管理的有关部门，依照下列规定履行职责：

（一）国务院经济贸易综合管理部门和省、自治区、直辖市人民政府经济贸易管理部门，依照本条例的规定，负责危险化学品安全监督管理综合工作，负责危险化学品生产、储存企业设立及其改建、扩建的审查，负责危险化学品包装物、容器（包括用于运输工具的槽罐，下同）专业生产企业的审查和定点，负责危险化学品经营许可证的发放，负责国内危险化学品的登记，负责危险化学品事故应急救援的组织和协调，并负责前述事项的监督检查；设区的市级人民政府和县级人民政府的负责危险化学品安全监督管理综合工作的部门，由各该级人民政府确定，依照本条例的规定履行职责。

（二）公安部门负责危险化学品的公共安全管理，负责发放剧毒化学品购买凭证和准购证，负责审查核发剧毒化学品公路运输通行证，对危险化学品道路运输安全实施监督，并负责前述事项的监督检查。

（三）质检部门负责发放危险化学品及其包装物、容器的生产许可证，负责对危险化学品包装物、容器的产品质量实施监督，并负责前述事项的监督检查。

（四）环境保护部门负责废弃危险化学品处置的监督管理，负责调查重大危险化学品污染事故和生态破坏事件，负责有毒化学品事故现场的应急监测和进口危险化学品的登记，并负责前述事项的监督检查。

（五）铁路、民航部门负责危险化学品铁路、航空运输和危险化学品铁路、民航运输单位及其运输工具的安全管理及监督检查。交通部门负责危险化学品公路、水路运输单位及其运输工具的安全管理，对危险化学品水路运输安全实施监督，负责危险化学品公路、水路运输单位、驾驶人员、船员、装卸人员和押运人员的资质认定，并负责前述事项的监督检查。

（六）卫生行政部门负责危险化学品的毒性鉴定和危险化学

品事故伤亡人员的医疗救护工作。

（七）工商行政管理部门依据有关部门的批准、许可文件，核发危险化学品生产、经营、储存、运输单位营业执照，并监督管理危险化学品市场经营活动。

（八）邮政部门负责邮寄危险化学品的监督检查。

第六条 依照本条例对危险化学品单位实施监督管理的有关部门，依法进行监督检查，可以行使下列职权：

（一）进入危险化学品作业场所进行现场检查，调取有关资料，向有关人员了解情况，向危险化学品单位提出整改措施和建议；

（二）发现危险化学品事故隐患时，责令立即排除或者限期排除；

（三）对有根据认为不符合有关法律、法规、规章规定和国家标准要求的设施、设备、器材和运输工具，责令立即停止使用；

（四）发现违法行为，当场予以纠正或者责令限期改正。

危险化学品单位应当接受有关部门依法实施的监督检查，不得拒绝、阻挠。

有关部门派出的工作人员依法进行监督检查时，应当出示证件。

第二章 危险化学品的生产、储存和使用

第七条 国家对危险化学品的生产和储存实行统一规划、合理布局和严格控制，并对危险化学品生产、储存实行审批制度；未经审批，任何单位和个人都不得生产、储存危险化学品。

设区的市级人民政府根据当地经济发展的实际需要，在编制总体规划时，应当按照确保安全的原则规划适当区域专门用于危险化学品的生产、储存。

第八条 危险化学品生产、储存企业，必须具备下列条件：

（一）有符合国家标准的生产工艺、设备或者储存方式、设施；

（二）工厂、仓库的周边防护距离符合国家标准或者国家有关规定；

（三）有符合生产或者储存需要的管理人员和技术人员；

（四）有健全的安全管理制度；

（五）符合法律、法规规定和国家标准要求和其他条件。

第九条 设立剧毒化学品生产、储存企业和其他危险化学品生产、储存企业，应当分别向省、自治区、直辖市人民政府经济贸易管理部门和设区的市级人民政府负责危险化学品安全监督管理综合工作的部门提出申请，并提交下列文件：

（一）可行性研究报告；

（二）原料、中间产品、最终产品或者储存的危险化学品的燃点、自燃点、闪点、爆炸极限、毒性等理化性能指标；

（三）包装、储存、运输的技术要求；

（四）安全评价报告；

（五）事故应急救援措施；

（六）符合本条例第八条规定条件的证明文件。

省、自治区、直辖市人民政府经济贸易管理部门或者设区的市级人民政府负责危险化学品安全监督管理综合工作的部门收到申请和提交的文件后，应当组织有关专家进行审查，提出审查意见后，报本级人民政府作出批准或者不予批准的决定。依据本级人民政府的决定，予以批准的，由省、自治区、直辖市人民政府经济贸易管理部门或者设区的市级人民政府负责危险化学品安全监督管理综合工作的部门颁发批准书；不予批准的，书面通知申请人。

申请人凭批准书向工商行政管理部门办理登记注册手续。

第十条 除运输工具加油站、加气站外，危险化学品的生产装置和储存数量构成重大危险源的储存设施，与下列场所、区域的距离必须符合国家标准或者国家有关规定：

（一）居民区、商业中心、公园等人口密集区域；

（二）学校、医院、影剧院、体育场（馆）等公共设施；

（三）供水水源、水厂及水源保护区；

（四）车站、码头（按照国家规定，经批准，专门从事危险化学品装卸作业的除外）、机场以及公路、铁路、水路交通干线、地铁风亭及出入口；

（五）基本农田保护区、畜牧区、渔业水域和种子、种畜、水产苗种生产基地；

（六）河流、湖泊、风景名胜区和自然保护区；

（七）军事禁区、军事管理区；

（八）法律、行政法规规定予以保护的其他区域。

已建危险化学品的生产装置和储存数量构成重大危险源的储存设施不符合前款规定的，由所在地设区的市级人民政府负责危险化学品安全监督管理综合工作的部门监督其在规定期限内进行整顿；需要转产、停产、搬迁、关闭的，报本级人民政府批准后实施。

本条例所称重大危险源，是指生产、运输、使用、储存危险化学品或者处置废弃危险化学品，且危险化学品的数量等于或者超过临界量的单元（包括场所和设施）。

第十一条 危险化学品生产、储存企业改建、扩建的，必须依照本条例第九条的规定经审查批准。

第十二条 依法设立的危险化学品生产企业，必须向国务院质检部门申请领取危险化学品生产许可证；未取得危险化学品生产许可证的，不得开工生产。

国务院质检部门应当将颁发危险化学品生产许可证的情况通报国务院经济贸易综合管理部门、环境保护部门和公安部门。

第十三条 任何单位和个人不得生产、经营、使用国家明令禁止的危险化学品。

禁止用剧毒化学品生产灭鼠药以及其他可能进入人民日常生活的化学产品和日用化学品。

第十四条 生产危险化学品的，应当在危险化学品的包装内附有与危险化学品完全一致的化学品安全技术说明书，并在包装

(包括外包装件)上加贴或者拴挂与包装内危险化学品安全一致的化学品安全标签。

危险化学品生产企业发现其生产的危险化学品有新的危害特性时,应当立即公告,并及时修订安全技术说明书和安全标签。

第十五条 使用危险化学品从事生产的单位,其生产条件必须符合国家标准和国家有关规定,并依照国家有关法律、法规的规定取得相应的许可,必须建立、健全危险化学品使用的安全管理规章制度,保证危险化学品的安全使用和管理。

第十六条 生产、储存、使用危险化学品的,应当根据危险化学品的种类、特性,在车间、库房等作业场所设置相应的监测、通风、防晒、调温、防火、灭火、防爆、泄压、防毒、消毒、中和、防潮、防雷、防静电、防腐、防渗漏、防护围堤或者隔离操作等安全设施、设备,并按照国家标准和国家有关规定进行维护、保养,保证符合安全运行要求。

第十七条 生产、储存、使用剧毒化学品的单位,应当对本单位的生产、储存装置每年进行一次安全评价;生产、储存、使用其他危险化学品的单位,应当对本单位的生产、储存装置每两年进行一次安全评价。

安全评价报告应当对生产、储存装置存在的安全问题提出整改方案。安全评价中发现生产、储存装置存在现实危险的,应当立即停止使用,予以更换或者修复,并采取相应的安全措施。

安全评价报告应当报所在地设区的市级人民政府负责危险化学品安全监督管理综合工作的部门备案。

第十八条 危险化学品的生产、储存、使用单位,应当在生产、储存和使用场所设置通讯、报警装置,并保证在任何情况下处于正常适用状态。

第十九条 剧毒化学品的生产、储存、使用单位,应当对剧毒化学品的产量、流向、储存量和用途如实记录,并采取必要的保安措施,防止剧毒化学品被盗、丢失或者误售、误用;发现剧毒化学品被盗、丢失或者误售、误用时,必须立即向当地公安部门报告。

第二十条 危险化学品的包装必须符合国家法律、法规、规章的规定和国家标准的要求。

危险化学品包装的材质、形式、规格、方法和单件质量(重量),应当与所包装的危险化学品的性质和用途相适应,便于装卸、运输和储存。

第二十一条 危险化学品的包装物、容器,必须由省、自治区、直辖市人民政府经济贸易管理部门审查合格的专业生产企业定点生产,并经国务院质检部门认可的专业检测、检验机构检测、检验合格,方可使用。

重复使用的危险化学品包装物、容器在使用前,应当进行检查,并作出记录;检查记录应当至少保存2年。

质检部门应当对危险化学品的包装物、容器的产品质量进行定期的或者不定期的检查。

第二十二条 危险化学品必须储存在专用仓库、专用场地或者专用储存室(以下统称专用仓库)内,储存方式、方法与储存数量必须符合国家标准,并由专人管理。

危险化学品出入库,必须进行核查登记。库存危险化学品应当定期检查。

剧毒化学品以及储存数量构成重大危险源的其他危险化学品必须在专用仓库内单独存放,实行双人收发、双人保管制度。储存单位应当将储存剧毒化学品以及构成重大危险源的其他危险化学品的数量、地点以及管理人员的情况,报当地公安部门和负责危险化学品安全监督管理综合工作的部门备案。

第二十三条 危险化学品专用仓库,应当符合国家标准对安全、消防的要求,设置明显标志。危险化学品专用仓库的储存设备和安全设施应当定期检测。

第二十四条 处置废弃危险化学品,依照固体废物污染环境防治法和国家有关规定执行。

第二十五条 危险化学品的生产、储存、使用单位转产、停产、停业或者解散的,应当采取有效措施,处置危险化学品的生产或者储存设备、库存产品及生产原料，不得留有事故隐患。处置方案应当报所在地设区的市级人民政府负责危险化学品安全监督管理综合工作的部门和同级环境保护部门、公安部门备案。负责危险化学品安全监督管理综合工作的部门应当对处置情况进行监督检查。

第二十六条　公众上交的危险化学品，由公安部门接收。公安部门接收的危险化学品和其他有关部门收缴的危险化学品，交由环境保护部门认定的专业单位处理。

第三章　危险化学品的经营

第二十七条　国家对危险化学品经营销售实行许可制度。未经许可，任何单位和个人都不得经营销售危险化学品。

第二十八条　危险化学品经营企业，必须具备下列条件：

（一）经营场所和储存设施符合国家标准；

（二）主管人员和业务人员经过专业培训，并取得上岗资格；

（三）有健全的安全管理制度；

（四）符合法律、法规规定和国家标准要求的其他条件。

第二十九条　经营剧毒化学品和其他危险化学品的，应当分别向省、自治区、直辖市人民政府经济贸易管理部门或者设区的市级人民政府负责危险化学品安全监督管理综合工作的部门提出申请，并附送本条例第二十八条规定条件的相关证明材料。省、自治区、直辖市人民政府经济贸易管理部门或者设区的市级人民政府负责危险化学品安全监督管理综合工作的部门接到申请后，应当依照本条例的规定对申请人提交的证明材料和经营场所进行审查。经审查，符合条件的，颁发危险化学品经营许可证，并将颁发危险化学品经营许可证的情况通报同级公安部门和环境保护部门；不符合条件的，书面通知申请人并说明理由。

申请人凭危险化学品经营许可证向工商行政管理部门办理登记注册手续。

第三十条 经营危险化学品,不得有下列行为:

(一)从未取得危险化学品生产许可证或者危险化学品经营许可证的企业采购危险化学品;

(二)经营国家明令禁止的危险化学品和用剧毒化学品生产的灭鼠药以及其他可能进入人民日常生活的化学产品和日用化学品;

(三)销售没有化学品安全技术说明书和化学品安全标签的危险化学品。

第三十一条 危险化学品生产企业不得向未取得危险化学品经营许可证的单位或者个人销售危险化学品。

第三十二条 危险化学品经营企业储存危险化学品,应当遵守本条例第二章的有关规定。危险化学品商店内只能存放民用小包装的危险化学品,其总量不得超过国家规定的限量。

第三十三条 剧毒化学品经营企业销售剧毒化学品,应当记录购买单位的名称、地址和购买人员的姓名、身份证号码及所购剧毒化学品的品名、数量、用途。记录应当至少保存1年。

剧毒化学品经营企业应当每天核对剧毒化学品的销售情况;发现被盗、丢失、误售等情况时,必须立即向当地公安部门报告。

第三十四条 购买剧毒化学品,应当遵守下列规定:

(一)生产、科研、医疗等单位经常使用剧毒化学品的,应当向设区的市级人民政府公安部门申请领取购买凭证,凭购买凭证购买;

(二)单位临时需要购买剧毒化学品的,应当凭本单位出具的证明(注明品名、数量、用途)向设区的市级人民政府公安部门申请领取准购证,凭准购证购买;

(三)个人不得购买农药、灭鼠药、灭虫药以外的剧毒化学品。

剧毒化学品生产企业、经营企业不得向个人或者无购买凭证、准购证的单位销售剧毒化学品。剧毒化学品购买凭证、准购证不得伪造、变造、买卖、出借或者以其他方式转让,不得使用作废的剧毒化学品购买凭证、准购证。

剧毒化学品购买凭证和准购证的式样和具体申领办法由国务院公安部门制定。

第四章　危险化学品的运输

第三十五条　国家对危险化学品的运输实行资质认定制度；未经资质认定，不得运输危险化学品。

危险化学品运输企业必须具备的条件由国务院交通部门规定。

第三十六条　用于危险化学品运输工具的槽罐以及其他容器，必须依照本条例第二十一条的规定，由专业生产企业定点生产，并经检测、检验合格，方可使用。

质检部门应当对前款规定的专业生产企业定点生产的槽罐以及其他容器的产品质量进行定期的或者不定期的检查。

第三十七条　危险化学品运输企业，应当对其驾驶人员、船员、装卸管理人员、押运人员进行有关安全知识培训；驾驶人员、船员、装卸管理人员、押运人员必须掌握危险化学品运输的安全知识，并经所在地设区的市级人民政府交通部门考核合格（船员经海事管理机构考核合格），取得上岗资格证，方可上岗作业。危险化学品的装卸作业必须在装卸管理人员的现场指挥下进行。

运输危险化学品的驾驶人员、船员、装卸人员和押运人员必须了解所运载的危险化学品的性质、危害特性、包装容器的使用特性和发生意外时的应急措施。运输危险化学品，必须配备必要的应急处理器材和防护用品。

第三十八条　通过公路运输危险化学品的，托运人只能委托有危险化学品运输资质的运输企业承运。

第三十九条　通过公路运输剧毒化学品的，托运人应当向目的地的县级人民政府公安部门申请办理剧毒化学品公路运输通行证。

办理剧毒化学品公路运输通行证，托运人应当向公安部门提交有关危险化学品的品名、数量、运输始发地和目的地、运输路线、运输单位、驾驶人员、押运人员、经营单位和购买单位资质情况的材料。

剧毒化学品公路运输通行证的式样和具体申领办法由国务院公安部门制定。

第四十条 禁止利用内河以及其他封闭水域等航运渠道运输剧毒化学品以及国务院交通部门规定禁止运输的其他危险化学品。

利用内河以及其他封闭水域等航运渠道运输前款规定以外的危险化学品的,只能委托有危险化学品运输资质的水运企业承运,并按照国务院交通部门的规定办理手续,接受有关交通部门(港口部门、海事管理机构,下同)的监督管理。

运输危险化学品的船舶及其配载的容器必须按照国家关于船舶检验的规范进行生产,并经海事管理机构认可的船舶检验机构检验合格,方可投入使用。

第四十一条 托运人托运危险化学品,应当向承运人说明运输的危险化学品的品名、数量、危害、应急措施等情况。

运输危险化学品需要添加抑制剂或者稳定剂的,托运人交付托运时应当添加抑制剂或者稳定剂,并告知承运人。

托运人不得在托运的普通货物中夹带危险化学品,不得将危险化学品匿报或者谎报为普通货物托运。

第四十二条 运输、装卸危险化学品,应当依照有关法律、法规、规章的规定和国家标准的要求并按照危险化学品的危险特性,采取必要的安全防护措施。

运输危险化学品的槽罐以及其他容器必须封口严密,能够承受正常运输条件下产生的内部压力和外部压力,保证危险化学品在运输中不因温度、湿度或者压力的变化而发生任何渗(洒)漏。

第四十三条 通过公路运输危险化学品,必须配备押运人员,并随时处于押运人员的监管之下,不得超装、超载,不得进入危险化学品运输车辆禁止通行的区域;确需进入禁止通行区域的，应当事先向当地公安部门报告，由公安部门为其指定行车时间和路线，运输车辆必须遵守公安部门规定的行车时间和路线。

危险化学品运输车辆禁止通行区域，由设区的市级人民政府公安部门划定，并设置明显的标志。

运输危险化学品途中需要停车住宿或者遇有无法正常运输的情况时，应当向当地公安部门报告。

第四十四条　剧毒化学品在公路运输途中发生被盗、丢失、流散、泄漏等情况时，承运人及押运人员必须立即向当地公安部门报告，并采取一切可能的警示措施。公安部门接到报告后，应当立即向其他有关部门通报情况；有关部门应当采取必要的安全措施。

第四十五条　任何单位和个人不得邮寄或者在邮件内夹带危险化学品，不得将危险化学品匿报或者谎报为普通物品邮寄。

第四十六条　通过铁路、航空运输危险化学品的，按照国务院铁路、民航部门的有关规定执行。

第五章　危险化学品的登记与事故应急救援

第四十七条　国家实行危险化学品登记制度，并为危险化学品安全管理、事故预防和应急救援提供技术、信息支持。

第四十八条　危险化学品生产、储存企业以及使用剧毒化学品和数量构成重大危险源的其他危险化学品的单位，应当向国务院经济贸易综合管理部门负责危险化学品登记的机构办理危险化学品登记。危险化学品登记的具体办法由国务院经济贸易综合管理部门制定。

负责危险化学品登记的机构应当向环境保护、公安、质检、卫生等有关部门提供危险化学品登记的资料。

第四十九条　县级以上地方各级人民政府负责危险化学品安全监督管理综合工作的部门应当会同同级其他有关部门制定危险化学品事故应急救援预案，报经本级人民政府批准后实施。

第五十条 危险化学品单位应当制定本单位事故应急救援预案，配备应急救援人员和必要的应急救援器材、设备，并定期组织演练。

危险化学品事故应急救援预案应当报设区的市级人民政府负责危险化学品安全监督管理综合工作的部门备案。

第五十一条 发生危险化学品事故，单位主要负责人应当按照本单位制定的应急救援预案，立即组织救援，并立即报告当地负责危险化学品安全监督管理综合工作的部门和公安、环境保护、质检部门。

第五十二条 发生危险化学品事故，有关地方人民政府应当做好指挥、领导工作。负责危险化学品安全监督管理综合工作的部门和环境保护、公安、卫生等有关部门，应当按照当地应急救援预案组织实施救援，不得拖延、推诿。有关地方人民政府及其有关部门应当按照下列规定，采取必要措施，减少事故损失，防止事故蔓延、扩大：

（一）立即组织营救受害人员，组织撤离或者采取其他措施保护危害区域内的其他人员；

（二）迅速控制危害源，并对危险化学品造成的危害进行检验、监测，测定事故的危害区域、危险化学品性质及危害程度；

（三）针对事故对人体、动植物、土壤、水源、空气造成的现实危害和可能产生的危害，迅速采取封闭、隔离、洗消等措施；

（四）对危险化学品事故造成的危害进行监测、处置，直至符合国家环境保护标准。

第五十三条 危险化学品生产企业必须为危险化学品事故应急救援提供技术指导和必要的协助。

第五十四条 危险化学品事故造成环境污染的信息，由环境保护部门统一公布。

第六章 法律责任

第五十五条 对生产、经营、储存、运输、使用危险化学品和处置废弃危险化学品依法实施监督管理的有关部门工作人员，有下列行为之一的，依法给予降级或者撤职的行政处分；触犯刑律的，依照刑法关于受贿罪、滥用职权罪、玩忽职守罪或者其他罪的规定，依法追究刑事责任：

（一）利用职务上的便利收受他人财物或者其他好处，对不符合本条例规定条件的涉及生产、经营、储存、运输、使用危险化学品和处置废弃危险化学品的事项予以批准或者许可的；

（二）发现未依法取得批准或者许可的单位和个人擅自从事有关活动或者接到举报后不予取缔或者不依法予以处理的；

（三）对已经依法取得批准或者许可的单位和个人不履行监督管理职责，发现其不再具备本条例规定的条件而不撤销原批准、许可或者发现违反本条例的行为不予查处的。

第五十六条 发生危险化学品事故，有关部门未依照本条例的规定履行职责，组织实施救援或者采取必要措施，减少事故损失，防止事故蔓延、扩大，或者拖延、推诿的，对负有责任的主管人员和其他直接责任人员依法给予降级或者撤职的行政处分；触犯刑律的，依照刑法关于滥用职权罪、玩忽职守罪或者其他罪的规定，依法追究刑事责任。

第五十七条 违反本条例的规定，有下列行为之一的，分别由工商行政管理部门、质检部门、负责危险化学品安全监督管理综合工作的部门依据各自的职权予以关闭或者责令停产停业整顿，责令无害化销毁国家明令禁止生产、经营、使用的危险化学品或者用剧毒化学品生产的灭鼠药以及其他可能进入人民日常生活的化学产品和日用化学品；有违法所得的，没收违法所得；违法所得10万元以上的，并处违法所得1倍以上5倍以下的罚款；没有违法所得或者违法所得不足10万元的，并处5万元以上50万元以下的罚款；触犯刑律的，对负有责任的主管人员和其他直接责任人员依照刑法关于危险物品肇事罪、非法经营罪或者其他罪的规定，依法追究刑事责任：

（一）未经批准或者未经工商登记注册，擅自从事危险化学品生产、储存的；

（二）未取得危险化学品生产许可证，擅自开工生产危险化学品的；

（三）未经审查批准，危险化学品生产、储存企业擅自改建、扩建的；

（四）未取得危险化学品经营许可证或者未经工商登记注册，擅自从事危险化学品经营的；

（五）生产、经营、使用国家明令禁止的危险化学品，或者用剧毒化学品生产灭鼠药以及其他可能进入人民日常生活的化学产品和日用化学品的。

第五十八条 危险化学品单位违反本条例的规定，未根据危险化学品的种类、特性，在车间、库房等作业场所设置相应的监测、通风、防晒、调温、防火、灭火、防爆、泄压、防毒、消毒、中和、防潮、防雷、防静电、防腐、防渗漏、防护围堤或者隔离操作等安全设施、设备的，由负责危险化学品安全监督管理综合工作的部门或者公安部门依据各自的职权责令立即或者限期改正，处2万元以上10万元以下的罚款；触犯刑律的，对负有责任的主管人员和其他直接责任人员依照刑法关于危险物品肇事罪、重大责任事故罪或者其他罪的规定，依法追究刑事责任。

第五十九条 违反本条例的规定，有下列行为之一的，由负责危险化学品安全监督管理综合工作的部门、质检部门或者交通部门依据各自的职权责令立即或者限期改正，处2万元以上20万元以下的罚款；逾期未改正的，责令停产停业整顿；触犯刑律的，对负有责任的主管人员和其他直接责任人员依照刑法关于危险物品肇事罪、生产销售伪劣商品罪或者其他罪的规定，依法追究刑事责任：

（一）未经定点，擅自生产危险化学品包装物、容器的；

（二）运输危险化学品的船舶及其配载的容器未按照国家关于船舶检验的规范进行生产，并经检验合格的；

（三）危险化学品包装的材质、形式、规格、方法和单件质量

(重量)与所包装的危险化学品的性质和用途不相适应的;

(四)对重复使用的危险化学品的包装物、容器在使用前,不进行检查的;

(五)使用非定点企业生产的或者未经检测、检验合格的包装物、容器包装、盛装、运输危险化学品的。

第六十条　危险化学品单位违反本条例的规定,有下列行为之一的,由负责危险化学品安全监督管理综合工作的部门责令立即或者限期改正,处1万元以上5万元以下的罚款;逾期不改正的,责令停产停业整顿:

(一)危险化学品生产企业未在危险化学品包装内附有与危险化学品完全一致的化学品安全技术说明书,或者未在包装(包括外包装件)上加贴、拴挂与包装内危险化学品完全一致的化学品安全标签的;

(二)危险化学品生产企业发现危险化学品有新的危害特性时,不立即公告并及时修订其安全技术说明书和安全标签的;

(三)危险化学品经营企业销售没有化学品安全技术说明书和安全标签的危险化学品的。

第六十一条　危险化学品单位违反本条例的规定,有下列行为之一的,由负责危险化学品安全监督管理综合工作的部门或者公安部门依据各自的职权责令立即或者限期改正,处1万元以上5万元以下的罚款;逾期不改正的,由原发证机关吊销危险化学品生产许可证、经营许可证和营业执照;触犯刑律的,对负有责任的主管人员和其他直接责任人员依照刑法关于危险物品肇事罪、重大责任事故罪或者其他罪的规定,依法追究刑事责任:

(一)未对其生产、储存装置进行定期安全评价,并报所在地设区的市级人民政府负责危险化学品安全监督管理综合工作的部门备案,或者对安全评价中发现的存在现实危险的生产、储存装置不立即停止使用,予以更换或者修复,并采取相应的安全措施的;

(二)未在生产、储存和使用危险化学品场所设置通讯、报警装置，并保持正常适用状态的；

（三）危险化学品未储存在专用仓库内或者未设专人管理的；

（四）危险化学品出入库未进行核查登记或者入库后未定期检查的；

（五）危险化学品专用仓库不符合国家标准对安全、消防的要求，未设置明显标志，或者未对专用仓库的储存设备和安全设施定期检测的；

（六）危险化学品经销商店存放非民用小包装的危险化学品或者危险化学品民用小包装的存放量超过国家规定限量的；

（七）剧毒化学品以及构成重大危险源的其他危险化学品未在专用仓库内单独存放，或者未实行双人收发、双人保管，或者未将储存剧毒化学品以及构成重大危险源的其他危险化学品的数量、地点以及管理人员的情况，报当地公安部门和负责危险化学品安全监督管理综合工作的部门备案的；

（八）危险化学品生产单位不如实记录剧毒化学品的产量、流向、储存量和用途，或者未采取必要的保安措施防止剧毒化学品被盗、丢失、误售、误用，或者发生剧毒化学品被盗、丢失、误售、误用后不立即向当地公安部门报告的；

（九）危险化学品经营企业不记录剧毒化学品购买单位的名称、地址，购买人员的姓名、身份证号码及所购剧毒化学品的品名、数量、用途，或者不每天核对剧毒化学品的销售情况，或者发现被盗、丢失、误售不立即向当地公安部门报告的。

第六十二条 危险化学品单位违反本条例的规定，在转产、停产、停业或者解散时未采取有效措施，处置危险化学品生产、储存设备、库存产品及生产原料的，由负责危险化学品安全监督管理综合工作的部门责令改正，处 2 万元以上 10 万元以下的罚款；触犯刑律的，对负有责任的主管人员和其他直接责任人员依照刑法关于重大环境污染事故罪、危险物品肇事罪或者其他罪的规定，依法追究刑事责任。

第六十三条 违反本条例的规定，有下列行为之一的，由工商行政管理部门责令改正，有违法所得的，没收违法所得；违法所得5万元以上的，并处违法所得1倍以上5倍以下的罚款；没有违法所得或者违法所得不足5万元的，并处2万元以上20万元以下的罚款；不改正的，由原发证机关吊销生产许可证、经营许可证和营业执照；触犯刑律的，对负有责任的主管人员和其他直接责任人员依照刑法关于非法经营罪、危险物品肇事罪或者其他罪的规定，依法追究刑事责任：

（一）危险化学品经营企业从未取得危险化学品生产许可证或者危险化学品经营许可证的企业采购危险化学品的；

（二）危险化学品生产企业向未取得危险化学品经营许可证的经营单位销售其产品的；

（三）剧毒化学品经营企业向个人或者无购买凭证、准购证的单位销售剧毒化学品的。

第六十四条　违反本条例的规定，伪造、变造、买卖、出借或者以其他方式转让剧毒化学品购买凭证、准购证以及其他有关证件，或者使用作废的上述有关证件的，由公安部门责令改正，处1万元以上5万元以下的罚款；触犯刑律的，对负有责任的主管人员和其他直接责任人员依照刑法关于伪造、变造、买卖国家机关公文、证件、印章罪或者其他罪的规定，依法追究刑事责任。

第六十五条　违反本条例的规定，未取得危险化学品运输企业资质，擅自从事危险化学品公路、水路运输，有违法所得的，由交通部门没收违法所得；违法所得5万元以上的，处违法所得1倍以上5倍以下的罚款；没有违法所得或者违法所得不足5万元的，处2万元以上20万元以下的罚款；触犯刑律的，对负有责任的主管人员和其他直接责任人员依照刑法关于危险物品肇事罪或者其他罪的规定，依法追究刑事责任。

第六十六条　违反本条例的规定，有下列行为之一的，由交通部门处2万元以上10万元以下的罚款；触犯刑律的，依照刑法关于危险物品肇事罪或者其他罪的规定，依法追究刑事责任：

（一）从事危险化学品公路、水路运输的驾驶人员、船员、装卸管理人员、押运人员未经考核合格，取得上岗资格证的；

（二）利用内河以及其他封闭水域等航运渠道运输剧毒化学品和国家禁止运输的其他危险化学品的；

（三）托运人未按照规定向交通部门办理水路运输手续，擅自通过水路运输剧毒化学品和国家禁止运输的其他危险化学品以外的危险化学品的；

（四）托运人托运危险化学品，不向承运人说明运输的危险化学品的品名、数量、危害、应急措施等情况，或者需要添加抑制剂或者稳定剂，交付托运时未添加的；

（五）运输、装卸危险化学品不符合国家有关法律、法规、规章的规定和国家标准，并按照危险化学品的特性采取必要安全防护措施的。

第六十七条 违反本条例的规定，有下列行为之一的，由公安部门责令改正，处2万元以上10万元以下的罚款；触犯刑律的，依照刑法关于危险物品肇事罪、重大环境污染事故罪或者其他罪的规定，依法追究刑事责任：

（一）托运人未向公安部门申请领取剧毒化学品公路运输通行证，擅自通过公路运输剧毒化学品的；

（二）危险化学品运输企业运输危险化学品，不配备押运人员或者脱离押运人员监管，超装、超载，中途停车住宿或者遇有无法正常运输的情况，不向当地公安部门报告的；

（三）危险化学品运输企业运输危险化学品，未向公安部门报告，擅自进入危险化学品运输车辆禁止通行区域，或者进入禁止通行区域不遵守公安部门规定的行车时间和路线的；

（四）危险化学品运输企业运输剧毒化学品，在公路运输途中发生被盗、丢失、流散、泄漏等情况，不立即向当地公安部门报告，并采取一切可能的警示措施的；

（五）托运人在托运的普通货物中夹带危险化学品或者将危险化学品匿报、谎报为普通货物托运的。

第六十八条　违反本条例的规定，邮寄或者在邮件内夹带危险化学品，或者将危险化学品匿报、谎报为普通物品邮寄的，由公安部门处2 000元以上2万元以下的罚款；触犯刑律的，依照刑法关于危险物品肇事罪或者其他罪的规定，依法追究刑事责任。

第六十九条　危险化学品单位发生危险化学品事故，未按照本条例的规定立即组织救援，或者不立即向负责危险化学品安全监督管理综合工作的部门和公安、环境保护、质检部门报告，造成严重后果的，对负有责任的主管人员和其他直接责任人员依照刑法关于国有公司、企业工作人员失职罪或者其他罪的规定，依法追究刑事责任。

第七十条　危险化学品单位发生危险化学品事故造成人员伤亡、财产损失的，应当依法承担赔偿责任；拒不承担赔偿责任或者其负责人逃匿的，依法拍卖其财产，用于赔偿。

第七章　附　　则

第七十一条　监控化学品、属于药品的危险化学品和农药的安全管理，依照本条例的规定执行；国家另有规定的，依照其规定。

民用爆炸品、放射性物品、核能物质和城镇燃气的安全管理，不适用本条例。

第七十二条　危险化学品的进出口管理依照国家有关规定执行；进口危险化学品的经营、储存、运输、使用和处置进口废弃危险化学品，依照本条例的规定执行。

第七十三条　依照本条例的规定，对生产、经营、储存、运输、使用危险化学品和处置废弃危险化学品进行审批、许可并实施监督管理的国务院有关部门，应当根据本条例的规定制定并公布审批、许可的期限和程序。

本条例规定的国家标准和涉及危险化学品安全管理的国家

有关规定，由国务院质检部门或者国务院有关部门分别依照国家标准化法律和其他有关法律、行政法规以及本条例的规定制定、调整并公布。

第七十四条 本条例自2002年3月15日起施行。1987年2月17日国务院发布的《化学危险物品安全管理条例》同时废止。